3시간 놓치면
죽을 때까지 고생하는

뇌졸중

3시간 놓치면 죽을 때까지 고생하는 뇌졸중

허춘웅 지음

국일 미디어

추천사
01

내 나이 70대 중반에 들어서고 보니, 나도 이제 건강 문제를 심각하게 생각하게 되었다. 얼마 전 식구들이 모두 한자리에 모였을 때, 자녀 중 하나가 나에게 물었다.

"아버지는 여생에 무엇이 가장 걱정되세요?"

그때 나는 이렇게 대답했다.

"몸이 허약해지고 병 들어서 너희들에게 폐를 끼칠까 걱정이다. 고통 없이 평안하게 살다 죽는 것이 나의 절박한 소망이다."

이 말에 모두가 숙연해졌다. 그렇다. 건강하게 살다가 본인은 물론 사랑하는 가족에게 고통을 주지 않고 죽을 수 있다면, 그것이야 말로 행복한 삶일 것이다. 그런데 이 같은 소망이 쉽게 이루어질 수 있을까?

오늘날 한국의 중장년들이 가장 두려워하는 질병이 뇌졸중이라고 한다. 치매나 암일 것이라 생각했는데 다소 놀랐다. 본인과 가족이 겪게 되는 고통, 거기에 사회와 국가가 지불해야 하는 비용 등 이 모든 것을 합치면 뇌졸중이 가장 위협적인 질병이기도 할 것 같다. 하기야 나도 벌써 20년 가까이 고혈압 약을 먹고 있으니 뇌졸중을 남의 일로만 여길 수 없는 노릇이다.

"뇌졸중에 걸리면 그날로 인생 끝"이라는 말을 들으면 나도 모르게 가슴이 서늘해진다. 그래서 병에 걸리기 전에 더욱 예방에 힘써야 하는 것이 뇌졸중이다.

이와 같은 때에 명지성모병원 원장인 허춘웅 박사가 《3시간 놓치면 죽을 때까지 고생하는 뇌졸중》을 출간했다. 이 책에서 허 박사는 누구나 쉽게 읽고 이해할 수 있게 뇌졸중에 대해 해설하고 있다. 첫 장에서는 뇌졸중에 대한 일반인들의 오해를 지적하고 뇌졸중을 예방하는 십계명을 상세하게 서술했다. 2장에서는 제대로 알고 바로 치료하면 뇌졸중의 고통을 줄일 수 있다고 알려주며, 3장에서는 환자의 마음까지 돌보아주는 재활 치료를 소개한다. 4장에서는 뇌졸중의 재발을 막아주는 철통수비법에 대한 정보를 담고 있다. 마지막 5장에서는 뇌졸중을 앓으면서도 행복하게 살아갈 수 있는 지혜를 환자, 가족들의 수기를 통해 보여준다.

우리나라도 노령화사회로 진입하면서 뇌졸중을 앓는 노인들이 많아지고 있다. 게다가 치열한 경쟁과 과중한 업무로 인한 스트레스가 심화되는 상황에서 청장년층에서도 뇌졸중이 많이 발병하고 있다. 이에 따라 개인과 가정뿐 아니라 사회적 고통과 비용도 더 증가할 수밖에 없다.

여러 가지 정황에 비춰 가장 필요한 때에 이 책이 출간되었다. 뇌졸중에 대한 전반적인 사항을 쉽게 이해하도록 썼기 때문에 독자들에게 유익한 정보서가 될 것이다. 모쪼록 많은 사람들이 이 책을 읽고 뇌졸중을 예방하고, 이겨내기를 기대한다. 한국 중장년들에게 희망과 용기를 주는 소중한 메시지가 담겨 있다고 확신하기에 이 책을 적극 권장한다.

한완상_대한적십자 전 총재

내가 허춘웅 병원장을 알게 된 때는 지난 1990년 초반이었다. 뇌혈관 질환의 새로운 치료와 임상 경험을 나누기 위해 관련 학회를 부지런히 오갈 때였고 허 병원장도 학회와 연구에 열심이었던 때여서 우리는 자연스럽게 안면을 익혔다. 허춘웅 병원장은 의료계에서는 드물게 뇌혈관 질환 전문병원을 설립해 모범적으로 경영하고 있는 사람이다. 바쁜 와중에도 가톨릭 의대 총동문 회장, 서울시 병원협회 회장, 노인신경외과학회 회장 등 사회 활동에도 열정을 다하는 의료계 선배이기도 하다. 병원 안팎을 주의 깊게 살피고 정성을 다해 이끌어 나가는 모습이 늘 존경스러웠다.

허춘웅 병원장은 평소 뇌졸중을 제대로 알리기 위해 '찾아가는 뇌졸중 예방 프로그램' 등을 운영하고, 5년 전에는 《뇌졸중, 내 몸의 반쪽이 얼어붙는다》라는 책을 출판하기도 했다. 그리고 이번에 뇌졸중에 대한 이해를 도울 수 있는 대중적인 책으로 《3시간 놓치면 죽을 때까지 고생하는 뇌졸중》을 출간했다. 이 책을 살펴보면 독자가 뇌졸중을 쉽게 이해하고, 예방에 힘쓰기를 바라는 허춘웅 병원장의 마음을 읽을 수 있다.

많은 사람들이 뇌졸중을 오해하고 있다. 다행히 이 책은 그동안 잘못 알려져 왔던 뇌졸중에 대한 편견과 오해를 흥미 있게 설명하고 있다. 또한 아주 기초적인 것부터 최신 의학 정보까지 진단과 치료 과정을 상세하게 기술하고 있다. 그리고 뇌졸중 후에 발생하는 합병증 예방법과 집에서 쉽게 할 수 있는 재활 치료도 친절하게 알려 주고 있다. 이 책 마지막 장에서는 뇌졸중 치료와 재활 과정을 겪고 있는 환자들의 실제 생활을 생생하게 수록, 뇌졸중 환자와 보호자에게 실용적인 도움을 준다.

허 병원장은 무엇보다 뇌졸중은 조기 치료가 중요하다고 강조한다. 뇌졸중 증상을 발견한 뒤 얼마나 신속하게 치료가 이루어졌느냐에 따라 그 결과가 완전히 달라지기 때문이다. 그러므로 뇌졸중 증상이 나타났을 때, 장애를 현저히 줄일 수 있는 가장 좋은 방법은 빠르고 적합한 치료다. 우리나라를 비롯해, 일본이나 중국 등 동양에서는 민간 처방에 의존하는 경향이 높아 뇌졸중으로 의심되는 전조 증상이 발생해도 바로 병원을 찾지 않는 경우가 많다. 그러다 보니 응급 상황에 이르러서야 병원에 실려 온다. 당연히 예후도 좋을 리 없다. 이 점을 가장 안타깝게 생각하고 있던 차에 이 책이 나와 더욱 반가웠다.

같은 길을 걸어가는 동료로서 허춘웅 병원장의 부단한 노력에 경의를 표하고 싶다.

오석전_제13대 대한신경외과학회 이사장

서문

•

대한민국에서 뇌졸중 전문병원을 최초로 시작한 것은 우연이었다. 1984년까지만 해도 뇌혈관 수술과 진료 그리고 대학에서 후배들을 가르치는 것 외에는 다른 곳에 눈 돌릴 여유도 없이 살았다. 그러던 어느 날, 집안의 먼 친척 한 분이 뇌졸중으로 입원하셔서 병문안을 갔다가 그분의 하소연을 듣게 되었다. 그분은 내게 "큰 병원이라고 입원해도 의사 한번 보기가 힘들고 치료비도 많이 들어 자식들 보기가 민망하다"며 속내를 토로하셨다. 익히 아는 현실이었지만 친척 분께 직접 들으니 안타까움이 새삼 가슴을 짓눌렀다.

1980년대 들어 우리의 살림살이가 윤택해지고 노인 인구가 늘어나면서 뇌혈관 질환이 가파르게 증가했다. 마침 집안에서도 개원하는 것이 어떻겠냐는 이야기가 자연스럽게 나오면서 내 마음이 움직이기 시작했다. 또한 뇌혈관 질환 치료를 위한 병원 문턱을 조금이라도 낮출 수 있으면 좋겠다는 바람도 있었다.

그래서 당시만 해도 사는 것이 척박했던 대림동에 명지성모병원을 열었다. 그리고 25년이 흘렀다. 소망대로 많은 환자를 만나고 치료했다. 세월이 지나면서 치료 장비도 좋아지고 뇌졸중을 예방할 수 있는 시술도 개발되었다. 본원도 종합병원으로 발전했다. 그러나 여기에 만족하지 않았다. 뇌혈관 질환 환자를 위한 병원으로 시작했기에 뇌졸중 치료를 위한 투자와 연구를 꾸준히 해왔다. 해외 유수의 뇌혈관 전문병원과 학술 교류를 하고, 첨단 장비가 개발되었다는 소식이 들리면 아무리 먼 외국이라도 시연을 보러 직접 찾아갔다. 이 책도 이러한 노력의 일환으로 나왔다.

뇌졸중은 최선의 응급처치를 빠른 시간 안에 받으면 장애를 현저히 줄일 수 있는 질환이다. 또한 올바른 식습관, 건강한 생활 패턴 등으로 충분히 예방할 수 있다. 그런데 진료를 하다 보면 뇌졸중에 대해 잘못된 상식을 갖고 있는 환자나 보호자들을 만나게 된다. 그들 대부분은 뇌졸중에 대한 올바른 정보의 부재로 심각한 상황에 이르러서야 후회하고 걱정한다.

이에 나는 뇌졸중에 대한 정확한 정보를 제공하여 환자와 보호자, 그리고 막연한 두려움을 갖고 있는 사람들에게 조금이라도 위안을 주고 싶었다. 그렇게 해서 나온 결과물이 이 책, 《3시간 놓치면 죽을 때까지 고생하는 뇌졸중》이다. 이 책을 통해 현재 뇌졸중을 앓고 있는 환자를 비롯, 많은 사람들이 작지만 큰 힘을 얻었으면 하는 바람이다.

25년간 진료와 병원 경영을 함께하면서 깨달은 것이 있다. 야구 경기에서는 한 방의 홈런이 관중들의 가슴을 시원하게 뚫어주지만, 환자

만족에는 홈런이 없다는 것이다.

그동안 나는 병원 내에서 크고 작은 이벤트를 개최하는 등 환자들의 욕구를 충족해 줄 수 있는 다양한 시도를 해왔다. 하지만 잠깐의 만족에 그칠 뿐 홈런으로 이어지지는 못했다. 오히려 홈런에 집착하다 보면 자칫 의료의 질을 높이는 교육, 환자에 대한 세심한 간호와 배려 등에 소홀해질 수 있음을 알게 되었다. 결국 한 방의 홈런보다 차근차근 점수의 발판을 다질 수 있게 안타를 치는 마음으로 환자와의 관계를 깊고 돈독하게 하는 것이 중요하다. 그런 면에서 이 책은 그동안 빠듯한 진료 시간으로 환자들과 미처 나누지 못한 대화의 연장선이라고도 할 수 있다.

이 책은 나 혼자의 힘으로 세상에 나온 것이 아니다. 각자의 자리에서 치료에 최선과 정성을 다해 준 본원의 많은 사람들 덕분에 이 책이 나왔다. 특히 신경과 서상혁 과장과 신경외과 최석민 부장, 재활의학과 박영선 과장 그리고 재활센터 식구들이 제공해 준 각 분야 최신의 자료는 책이 나오는 데에 각별한 도움이 되었다. 이 사람들에게 고마움을 전한다. 그리고 쉽지 않은 인생길을 묵묵히 함께 걸어주고, 기도로 힘을 더해 주는 아내에게도 늘 감사한다는 말을 전하고 싶다.

허춘웅_명지성모병원 원장

|Contents|

추천사
서문

가정을 1 무너뜨리는 뇌졸중

01 | 생명보험에 뇌경색 **진단비는 제외** · 18
02 | 3시간 '골든타임'이 **평생을 좌우** · 21
03 | 뇌졸중은 **미래의 내 병?** · 24
04 | TV에서 보는 **뇌졸중** · 27

유명 인사들이 유난히 잘 걸리는 뇌졸중 ● 대한민국 드라마에는 뇌경색이 없다?

05 | 뇌졸중에 대한 **아홉 가지 오해** · 33

명의를 만나면 완치될 수 있다? ● 뇌졸중은 발병 후에만 치료할 수 있다? ● 뇌졸중에 걸리면 누구나 마비가 생긴다? ● 원인 없는 두통, 대부분이 뇌졸중? ● 아이들은 뇌졸중에 안 걸린다? ● 치매와 뇌졸중은 같은 병이다? ● 뇌졸중으로 쓰러졌을 때는 손을 따면 된다? ● 모든 뇌경색은 발병 전에 신호가 있다? ● 날씨가 추우면 뇌졸중에 잘 걸린다?

06 | 뇌졸중 예방 **십계명** · 42

일계명 담배는 미련 없이 끊어라 ● **이계명** 술은 최대 두 잔까지만 기분 좋게 마셔라 ● **삼계명** 과체중을 주의하라 ● **사계명** 1주 3회, 30분씩 꾸준히, 규칙적으로 운동하라 ● **오계명** 식단은 싱겁고 담백하게 혁신하라 ● **육계명** 스트레스는 그때그때 풀어라 ● **칠계명** 만성질환부터 치료하라 ● **팔계명** 혈압과 콜레스테롤 수치 변화를 주시하라 ● **구계명** 응급상황 발생 시 3시간 안에 병원으로 이송하라 ● **십계명** 한 번 발병했던 환자는 재발 방지에 올인하라

바로 알고,
바로 치료하는
뇌졸중

2

01 | 뇌를 알면 보이는 **뇌졸중** · 56

02 | 막히거나 터지는 **뇌졸중** · 59

뇌경색 – ① 일과성 뇌허혈 발작(TIA), 미니뇌졸중 ② 핏덩어리가 뇌동맥을 막는 뇌혈전증 ③ 돌아다니는 핏덩어리가 원인인 뇌색전증 ④ 기타 원인으로 인한 뇌경색 ● 뇌출혈 – ① 뇌내출혈이 바로 '뇌출혈' ② 뇌동맥류에 의한 지주막하출혈 ③ 기타 원인으로 인한 뇌출혈

03 | 이런 증상, **뇌졸중 의심하기** · 68

갑자기 한쪽 눈이나 양쪽 눈에 이상이 생긴다 ● 갑자기 몸의 균형을 잡지 못하고 조정을 못한다 ● 갑자기 말하고 듣는 것에 문제가 생겨 혼란스러워한다 ● 갑자기 극심한 두통이 있다 ● 갑자기 얼굴이나 팔다리에 힘이 빠지거나 마비가 온다 ● 갑자기 심하게 어지럽다

04 | 뇌경색 발생시 **대처 요령** · 72

전조 증상이 있은 후 3시간 안에는 응급실에 도착한다 ● 구조 요청을 했다면 환자를 평평한 바닥에 편안하게 눕힌다 ● 입속에 공기 흐름을 방해하는 이물질이 있는지 확인한다 ● 넥타이, 벨트처럼 몸을 죄는 것들은 모두 풀어준다 ● 베개나 타월을 포개어 환자 어깨 밑을 받쳐준다

05 | 병원에서의 **뇌졸중 응급처치** · 76

06 | **뇌졸중 맞춤 검사와 진단** · 79

뇌졸중 맞춤 검사 ① 출혈을 확인하는 CT와 경색을 확인하는 MRI ② NIHSS와 혈액, 소변, 심전도 검사

07 | 그때그때 다른 **뇌졸중 치료** · 84

뇌출혈 치료 ① 뇌동정맥기형 ② 뇌동맥류 ③ 박리성 동맥류 ● 뇌경색 치료 ① 항혈소판제 ② 항응고제 ③ 혈전용해제 ● 모야모야병 치료

08 | 뇌졸중 대표 **합병증과 예방** · 97

감염증 ● 욕창 ● 경련 ● 치매 ● 정맥혈 저류 ● 심장 질환 ● 영양실조 ● 우울증

마음까지 돌아보는 재활 치료 3

01 | 재활 치료 전,
꼭 새겨야 할 마음가짐 · 104

조급증은 금물 ● 정상이 아닌 생활 적응이 목표 ● 열린 마음으로 금전 문제 대비

02 | 재활 치료는 **발병 후 3일부터** · 107

03 | 사지 **재활 치료** · 109

보행 재활 치료 ● 잡기 재활 치료

04 | 먹기 **재활 치료** · 117

삼킴장애의 증상 ● 거울 보고 입술 운동 ● 거울 보고 혀 운동

05 | 말하기 **재활 치료** · 121

얼굴 마사지와 운동 ● 읽기 운동 ● 쓰기 운동

06 | 감각 **재활 치료** · 124

감각 자극 치료 ● 과도 감각증 치료

07 | 인지 **재활 치료** · 128

신체 관련성을 인식하는 운동 ● 오른쪽 왼쪽 구별 운동 ● 마비측 인식 운동 ● 실인증 운동 ● 실행증 운동 ● 지남력 운동 ● 집중력 운동 ● 기억력 운동 ● 문제 해결 운동

08 | 뇌신경 활성을 위한
신경 재활 치료 · 132

누어서 하는 운동 ● 엎드려서 하는 운동 ● 측면 운동 ● 고유 수용체를 자극하는 평형 운동 ● 일자로 걷기 ● 회전의자를 이용한 뇌의 자극 ● 평형기관과 눈의 움직임을 이용한 뇌의 자극 ● 교차 패턴 운동 ● 발근육을 강화하는 운동

09 | 재활하기 **참 좋은 집** · 140

집 안에 있는 문턱을 모두 없앤다 ● 거실은 단순하게 꾸민다 ● 출입구·변기·욕조에 손잡이를 설치한다 ● 센서로 작동되는 조명을 설치한다 ● 옷걸이를 낮춘다 ● 욕실에 미끄럼방지 매트를 부착한다 ● 부엌 수납 공간의 접근도를 높혀라 ● 환자의 방은 마비측으로 돌아가게 가구를 배치한다

10 | 꼭 기억해야 하는
뇌졸중 간호 · 146

올바른 침상 자세 ● 회복을 앞당기는 영양 관리 ● 건강과 품위를 지키는 청결 관리 ● 낙상을 피하는 안전 관리 ● 합병증, 조심 또 조심 ● 집으로 찾아오는 가정간호 서비스 ● 꼼꼼 간호법, 간병기록지

뇌졸중 재발을 막는 철통수비법 4

01 | 뇌졸중 재발률은 **5년 이내 53퍼센트** · 158

02 | 뇌졸중 **이차 예방 이렇게 하자** · 160 혈압 관리 ● 당뇨 관리 ● 중성지방과 LDL – 콜레스테롤 관리 ● 금연과 절주 ● 음식 관리 ● 스트레스 관리 ● 운동 관리 ● 목욕 관리 ● 생활 관리

03 | 병원에서 하는 **뇌졸중 재발 예방** · 172 약물 복용과 예방적 수술 ● 뇌 종합검진

뇌졸중과 함께 행복하게 사는 법 5

01 | 빠른 치료가 **평생을 좌우** · 180

02 | 뇌졸중으로 깊어진 **아내 사랑** · 184

03 | 빠른 뇌졸중 치료로 **행복한 일상** · 187

04 | 작은 병 놓쳐서 **생긴 큰 병** · 189

05 | 삶을 변화시킨 **뇌졸중** · 192

06 | 뇌졸중으로 온 우울증에는 **등산이 최고** · 194

07 | 젊다고 뇌졸중 **안심은 금물** · 196

08 | 뇌졸중으로 배운 **더불어 살기** · 199

가정을 무너뜨리는 뇌졸증

1장

얼마 전 모 기관에서 대한민국 중노년층이 가장 무서워하는 질병이 무엇인지를 조사했다. 1위가 뇌졸중, 2위가 치매, 그리고 다음이 암이었다. 뇌졸중은 '중풍' 이라고도 불리는 뇌혈관 질환이다. 사람들이 뇌졸중을 두려워하는 이유는 정신은 온전한데 신체에 치명적인 장애가 생겨, 여생을 침대에서 보내거나 혼자서는 일상적인 활동을 할 수 없다고 여기기 때문이다. 또한 경제적 부담이 큰 의료비 때문에 가족들에게 짐이 된다고 생각한다. 이 때문에 환자들은 '차라리 죽는 것이 낫다' 는 극단적인 생각까지 한다. 뇌졸중에 대한 현명한 초기 대응으로 뇌졸중의 중증도를 낮춰야 할 것이다.

01

생명보험에
뇌경색 진단비는 제외

아침 6시 30분, 반평생을 지켜온 출근 시간이다. 진료실에 가면 지난밤 병원에 온 응급환자의 차트를 훑어본 후, 소회의실에서 뇌졸중 센터 과장들과 정례 콘퍼런스를 한다. 선천성 뇌혈관 기형인 모야모야병으로 입원한 24세 남성 환자와 뇌혈관이 막혀 혈관을 혈전용해제 tPA(티피에이)로 뚫은 58세 남성 환자에 대한 결과 보고가 있다.

콘퍼런스 후에는 병동을 회진한다. 우리 병원은 전체 병상의 약 70퍼센트가 뇌졸중 환자다. 뇌졸중은 치료 기간이 길기 때문에 환자와 의료진이 함께하는 시간이 많다. 그 덕에 이들의 속 깊은 이야기를 들을 때가 많다.

병실에서 나오는데 한 사람이 나를 붙잡는다. 콘퍼런스에서 보고 받았던 58세 뇌경색 환자의 보호자다. 멀쩡했던 남편이 갑자기 행동이 굼뜨고 말도 어눌해지자 급하게 병원으로 이송한 아내였다. 그녀는 몇 년 전에 친정아버지가 뇌졸중으로 쓰러졌던 경험이 있어 남편을 빨리 응급실로 옮겼다고 한다. 그 덕분에 그녀의 남편은 처치를 빨리 받을 수 있어 예후가 상당히 좋다. 환자 보호자는 남편이 거의 정상으로 돌아온 것에 안도하고 있었다.

"몇 년 전에 생명보험에 들었어요. 어제 보험 회사에 문의를 해보니 뇌경색은 보험금이 지급되지 않는다고 해요. 남들은 뇌졸중으로 진단비를 받았는데 왜 우리 남편은 못 받는 거죠? 뇌경색은 뇌졸중이 아닌가요?" 그 질문에 나는 이렇게 대답할 수밖에 없었다. "뇌경색은 뇌졸중이 맞습니다. 그러나 최근 생명보험사에서는 뇌경색 진단비를 제외한 것으로 압니다." 내 말에 보호자의 얼굴이 어두워졌다.

뇌졸중에는 뇌혈관이 막히는 뇌경색과 뇌혈관이 터지는 뇌출혈이 있다. 예전에는 보험사에서 뇌경색 진단비를 지급했다. 하지만 2006년부터 대부분의 보험사들이 '뇌경색 진단비는 제외' 또는 '뇌출혈에 한해'라는 문구를 약관에 넣기 시작했다. 뇌경색 환자들이 급속히 많아지고 보험금 지급액이 많아지면서 생명보험사들이 진단금 지급 범위를 축소한 것이다. 뇌경색 발병률이 증가하고 있다는 것을 단적으로 보여주는 예다.

30여 년간 뇌졸중 진료를 해온 필자 역시 뇌경색 환자들이 급증하고 있다는 것을 체감하고 있다. 개원 초기인 25년 전 1980년대 중반에는 뇌출혈 환자가 70퍼센트인 반면 뇌경색 환자는 30퍼센트 정도에 그쳤다. 그러나 지금은 완전히 역전되어 뇌경색이 전체 뇌졸중 발병률의 70~80퍼센트를 차지한다. 최근에는 비교적 뇌졸중으로부터 안전하다고 여겨졌던 청장년층은 물론 여성의 발병률도 증가하고 있다. 우리 나라의 경우 5분에 한 명 꼴로 뇌졸중이 발병하고, 15분에 한 명 정도 가 뇌졸중으로 사망하고 있다. 이에 적자 운영을 우려한 보험사들이 앞다투어 뇌경색 보장을 삭제한 것이다. 뇌졸중 진단을 받으면 대부 분의 사람들이 일상생활을 제대로 하지 못할까 봐 두려워한다. 아내 덕분에 재빨리 응급실로 와서 처치를 받은 남편은 극히 경미한 장애 만 남았다. 예민하지 않으면 본인도 장애를 의식하기 힘들 정도다. 하 지만 이 환자와 달리 대부분의 뇌졸중 환자들은 중증 장애를 겪는다.

문제는 장애뿐이 아니다. 경제적 비용도 만만치 않다. 많은 환자가 제 도권 의학 외에 대체의학 등에 많은 비용을 들이고 있다. 뇌졸중의 경우 치료기간이 길고 언제 끝이 날지 모르는 상황에서 재발 방지를 위해 쓰 는 비용이 계속 발생된다. 이 때문에 환자가 경제력을 상실하기도 한다. 평생 또는 상당 기간을 요하는 간병으로 인해 보호자의 노동력과 경제 력 역시 상실되고 있다.

소위 '풍'이 오면 그야말로 '마지막이다'라는 인식이 높아 스트레 스 지수도 올라간다. 본원 뇌졸중연구소에서 2007년 4월에 재원 중인 뇌졸중 환자의 보호자 50명을 대상으로 스트레스 지수를 조사한 적이 있었다. 조사 결과 스트레스 '높음'이 82퍼센트나 나왔다. 간병으로 인한 불규칙한 생활과 높은 스트레스 지수까지 감안한다면 뇌졸중은 보호자까지 힘들게 하고 병을 발생시킬 위험이 아주 높았다.

단란한 가정을 순식간에 무너뜨리는 뇌졸중에서 자유로워지려면 예 방에서 그 답을 찾아야 한다.

3시간 '골든타임'이 평생을 좌우

　뇌는 럭비공 같이 생긴 타원형으로 매우 예민한 기관이다. 심장에서 나가는 혈액의 15퍼센트와 총 산소의 25퍼센트가량을 소비하는 에너지 소모체이기도 하다. 뇌 혈류에 잠시라도 이상이 생기면 뇌는 금방 손상을 입게 된다. 뇌가 작은 손상만 입어도 신체에는 심각한 장애를 남길 수 있다. 뇌졸중은 초기 대응을 어떻게 하느냐에 따라 생사와 장애 정도가 달라진다. 이처럼 뇌졸중은 초기 대처법이 어떤 질병보다 중요한 질환이다. 그러므로 뇌에 이상이 있을 때에는 조기 발견과 진단을 통해 많은 병의 후유증을 최소화하는 게 최선이다.

　뇌졸중에 있어 가장 중요한 것은 '시간'이다. 뇌졸중이 발병하면 그때로부터 일 분 일 초가 생명과 직결된다. 학계에서 뇌졸중 전조 증상이 보인 후 3시간 이내를 '골든타임'이라고 부르는 이유가 여기에 있다. 특히 뇌경색의 골든타임은 평생을 좌우한다. 골든타임 안에 적절한 응급처치를 할 수 있는 병원에서 적합한 치료를 받으면 정상 또는 장애를 거의 의식하지 않을 수 있는 상태까지 치료할 수 있다. 2000년 초반부터 효과적으로 쓰이는 혈전용해제 tPA로 막힌 혈관을 뚫을 수 있는 시간이 골든타임이다. 그런데 안타깝게도 많은 이들이 이 골든타임을 놓치고 있다. 모 언론에서 뇌졸중 치료를 받은 환자 1만 5천여 명을 대상으로 조사한 결과를 보면 3시간 이내에 응급실에 도착하는 경우가 47.6퍼센트에 불과했다. 무려 8천여 명이 치명적인 장애를 줄일 수 있는 결정적인 시기를 놓친 것이다.

왜 그렇게 시간이 흘러가도록 아무런 조치를 취하지 못했을까? 뇌졸중에 대한 인식이 부족하기 때문이다. 많은 사람들이 주위 사람들과 본인에게 전조 증상이 나타났을 때 뇌졸중과 관련되었으리라는 것을 몰랐기 때문이다. 또한 설령 뇌졸중이라는 것을 알았다고 하더라도 뇌졸중이 응급조치를 요한다는 것을 알지 못해 초기 대처에 늑장을 부렸기 때문이다. 초기 대처에서 가장 중요한 점은 뇌졸중이 발병하였을 때 가능한 한 빨리 전문병원으로 옮기는 것이다. 환자를 긴박하게 옮기는 상황에서 많은 사람들이 무작정 가까운 병원으로만 가려고 하는데 거리가 좀 있더라도 전문병원을 택하는 것이 중요하다. 초기 대처에 있어 두 번째로 유념할 것은 병원을 올바르게 선택하는 것이다. 뇌졸중을 빠르고 정확하게 진단하고 치료하기 위해서는 신경과나 뇌신경외과 전문의가 상주하는 전문병원이나 이에 상응하는 시스템이 구축된 응급실을 찾아야 한다.

막힌 혈관을 뚫어야 하는 뇌경색과 터진 혈관을 막아야 하는 뇌출혈은 치료 방법이 정반대다. 따라서 오랜 임상을 통해 숙련된 전문 의료인의 치료를 받아야 한다. 뇌졸중 위험 인자가 있거나 가족력이 있다면 평소에 가까운 곳에 있는 전문병원 응급실 번호를 알아두는 것이 급한 상황이 발생했을 때 큰 도움이 된다.

세 번째는 '구급차를 부르는 습관'이다. 집 밖으로 나가면 바로 택시를 잡을 수 있거나, 자가용을 이용할 수 있다. 하지만 교통 체증과 교통 신호 등을 감안하면 구급차가 응급실에 더 빨리 도착한다는 조사가 있다. 그런데도 구급차를 이용하는 비율은 56.3퍼센트밖에 되지 않는다.

뇌졸중 전조 증상이 나타났을 때는 뇌졸중에 대해 초기에 대처하는 방법을 알아야 한다. 그러나 앞서 소개된 자료를 살펴보면 대다수의 환자나 보호자들은 뇌졸중에 대한 이해가 매우 부족하다. 뇌졸중이 어떤 질환인지 그리고 전조 증상이 어떤지에 대한 안내와 행동 요령을 알아야 할 것이다. 이를 위해서 국가적인 차원에서 뇌졸중 관련 정보들을 계속 알리는 일이 반드시 필요하다.

뇌졸중은 오랜 기간 치료를 받아야 하는 중증 질환이다. 언제 끝날지 모를 치료 기간으로 가정은 물론 사회에 엄청난 부담을 주는 질병이다. 이에 선진 각국에서는 뇌졸중에 대한 대국민 홍보를 통해 뇌졸중 초기 치료와 예방을 유도하여 사회 보장 비용을 낮추기 위해 노력하고 있다. 캐나다의 경우 2003년에서 2006년까지 뇌졸중을 알리는 대대적인 TV 광고를 진행하였다. 이를 통해 국민들의 뇌졸중 초기 증상에 대한 인지도가 높아졌다. 또한 일과성 뇌허혈 발작(TIA)과 같은 전조 증상이 발견되면 바로 응급실을 찾는 숫자가 확연히 증가하였다. 뇌졸중의 중증 환자의 비율도 눈에 띄게 낮추는 성과가 나타났다.

03

뇌졸중은
미래의 내 병?

　30~40대의 뇌졸중이 많아지고 있다. 대한뇌혈관외과학회의 조사에 의하면 뇌졸중 환자 다섯 명 중 한 명이 40대 이하로 밝혀졌다. 본원을 방문하는 사람들도 젊은 뇌졸중 환자들이 많은 것에 뜻밖이라는 반응을 보이곤 한다. 이는 고혈압과 비만, 당뇨병이 젊은 층에 만연하고 한창 직장 적응과 결혼 등 예민할 수 있는 상황에 노출되어 있어 스트레스가 많아지기 때문일 것이다. 현재 청년 뇌졸중 층이 두터워지는 것도 우려할 상황이지만 고령화가 급격히 진행되는 현실은 우리의 미래를 더욱 암울하게 한다.

　65세 이상 인구가 총 인구의 7퍼센트 이상이면 고령화사회, 12퍼센트 이상이면 고령사회, 그리고 20퍼센트 이상이면 초고령사회라고 한다. 우리나라는 2000년에 이미 7.2퍼센트로 고령화사회에 접어들었다. 2019년에는 고령사회 그리고 2026년에는 초고령사회로 진입할 것으로 예상하고 있다.

혈관은 나이가 들어감에 따라 자연스럽게 약해지기 때문에 노령은 뇌졸중의 치명적인 위험 인자다. 따라서 현재 청년층이 고령으로 접어드는 20여 년 후에는 뇌졸중으로 대표되는 노인성 질환이 폭발적으로 증가할 것이다.

산업연구원은 2005년에 6조 731억 원이었던 노인성 질환 의료비가 2020년에는 연간 37조 원으로 약 여섯 배가 많아질 것이라고 2007년에 발표하였다. 사회적 부담은 물론 가정이 담당해야 할 경제적, 정신적 비용도 만만치 않을 것이다. 지금 젊다고 해서 노인성 질환을 간과해서는 안 된다.

그렇다고 미리 두려워할 필요는 없다. 뇌졸중의 위험 인자 중 나이, 성별, 가족력은 어쩔 수 없지만 고혈압, 흡연, 당뇨병, 경동맥협착, 심방세동, 고지혈증 등은 충분히 관리할 수 있는 위험 인자이기 때문이다.

또한 최근의 각종 연구에 의해 비만, 운동 부족, 영양결핍, 과음 등이 뇌졸중에 위험하다고 거론되고 있다. 비만은 비대해지는 몸의 크기만큼 혈액을 고루 보내기 위해 심장의 부담이 심해지고, 혈압도 높아지는 등 합병증이 생길 위험이 높다. 그리고 영양과잉 시대에서도 아침 식사를 거르는 사람들이 많아 제때 알맞은 영양을 공급받지 못해 영양결핍인 사람도 생기고 있다.

과음도 출혈과 경색 위험을 높인다. 갑작스럽게 폭음을 하면, 알코올 성분을 분해하기 위해 몸속 수분이 동원되고 이에 혈액 속 수분은 적어져 피가 찐득해진다. 따라서 과음이 잦으면 혈압이 높아져 압력을 이기지 못해 터질 수 있다. 또한 혈관이 막혀 있었다면 경색을 일으킬 수 있다.

실제로 뇌졸중은 고칠 수 없는 인자보다 고칠 수 있는 인자로 인한 발병률이 훨씬 높다는 점을 주목해야 한다.

질환을 원천 봉쇄하지는 못해도 적절히 관리한다면 중증도는 현저히 낮아진다. 관리할 수 있는 위험 인자가 되는 질환은 적극적으로 고쳐 나가야 한다.

TV에서 보는 뇌졸중

환절기나 꽃샘추위가 오면 언론은 일제히 뇌졸중에 대한 건강 단신을 보도한다. 이 시기가 뇌졸중에 걸릴 확률이 높다고 생각하기 때문이다. 이런 일회적 보도도 중요하지만 뇌졸중에 대한 바른 정보를 국민에게 심어주어야 한다. 이를 위해서 외국 선진국과 같이 뇌졸중과 관련한 캠페인을 꾸준히 벌여야 할 것이다.

유명 인사들이 유난히 잘 걸리는 뇌졸중

2008년 11월, 일부 해외 외신들이 북한의 김정일 국방위원장에게 뇌졸중이 재발하였다고 보도하였다. 그러자 국내 언론은 김정일 국방위원장의 사진을 꼼꼼히 살펴 그 진위를 확인하려 했다.

이처럼 유명 인사에게 뇌졸중이 발병하면 언론사에서는 병원으로 뇌졸중과 관련한 인터뷰 요청을 해온다. 그런데 인터뷰의 첫 질문이 대부분 공교롭게도 "왜 유명 인사들은 뇌졸중에 잘 걸릴까요?"라는 것이었다. 그럴 때면 나는 "유명 인사라고 해서 일반인보다 뇌졸중에 더 잘 걸리는 것은 아니다"라고 대답한다.

2005년 한 해 통계에 의하면 우리나라 국민 중 45만 명이 병원에서 뇌졸중 치료를 받았다. 뇌졸중은 이미 단일질환으로는 가장 높은 사망률을 보이는 중대질환이다. 유명 인사들에게 뇌졸중이 발병하면, 뇌졸중이라는 질환이 여러 언론 매체를 통해 보도되면서 많은 이들에게 각인되지만 통계적으로 유명인이 많이 걸리지는 않는다.

다만 유명인, 특히 바쁜 스케줄에 쫓기는 연예인들은 밤낮이 바뀌는 불규칙한 생활을 하는 경우가 많다. 이들을 문진해보면 차 안에서 급하게 식사를 해결하거나 패스트푸드 등으로 끼니를 해결하곤 한다. 대중의 변덕스런 인기에 연예 수명을 맡기고 사니 일반인들이 상상하는 그 이상의 스트레스가 있을 것이다. 게다가 촬영하다 과로로 쓰러지지 않는 한 빠듯한 일정에 정기적으로 건강검진을 하기도 어려울 것이다. 또한 스트레스로 과도한 음주와 흡연을 한다. 몇 가지 정황만 살펴도 연예인들은 많은 위험 인자를 안고 사는 셈이다.

하나의 위험 인자라도 임계점을 넘으면 뇌졸중이 발병한다. 유명 인사가 아닐지라도 생활 습관이나 식습관이 불량하고 스트레스가 많은 현대인이라면 누구나 뇌졸중에 걸릴 위험이 있다.

2008년 5월 뇌경색으로 쓰러져 우리를 놀라게 한 가수 방실이는 "건강 하나는 정말 자신 있어 나 자신을 소중하게 돌볼 줄 몰랐다"라고 말했다. 현재 방실이는 재활에 힘쓰고 있다. 뇌졸중으로 투병 중인 개그맨 조정현이나 영화인 김희라 역시 한 목소리로 다음과 같이 말한다.

"건강할 때는 건강을 챙기라는 말이 진부하게 들릴 것이다. 그러나 어느 날 갑자기 숟가락을 드는 것부터 대소변 보는 것까지 혼자 힘으로 할 수 있는 게 아무것도 없어지면 새삼 이 말이 진리로 다가온다."

대부분의 뇌졸중 환자는 "건강은 당연한 것이 아니라 축복임을 잊지 말고 늘 자기 건강을 챙겨야 한다"고 말한다.

시대의 예술인들도 뇌졸중을 비켜가지는 못했다. 1996년 6월, 비디오아트의 창시자인 거장 백남준은 뇌졸중으로 왼쪽 신경이 모두 마비되었다. 병원 생활을 하면서 〈안심낙관〉이란 비디오 작품을 만들 정도로 그의 창작 열정은 병석에서도 멈추지 않았다. 질병을 통해 더욱 심오한 정신세계를 표현하며 자유롭게 예술혼을 태우던 백남준은 10여 년을 뇌졸중으로 투병하다 타계했다. 문단의 거목 박경리도 2008년 5월 오른쪽 마비가 동반된 뇌졸중으로 소천했다.

📗 대한민국 드라마에는 뇌경색이 없다?

잘 생기고 돈도 많은 잘난남, 그리 내세울 것은 없지만 언제나 명랑하고 쾌활한 귀염녀를 만나 사랑에 빠진다. 예비 시어머니의 결사반대로 이별을 하고 원치 않는 결혼을 하려는 순간 예비 시아버지가 갑자기 쓰러진다. 헌신적으로 간호하는 귀염녀, 이 모습에 감동한 예비 시어머니의 허락으로 결혼에 골인한다.

우리나라 드라마를 보면 위와 같은 기본 골격에 연상연하 커플 또는 겹사돈, 불륜들이 적당히 섞인다. 이때 갑자기 쓰러져 전신마비로 의식 없이 침상에 누워 있거나 반신마비로 입이 돌아가 의사소통도 어려워지게 하는 단골병이 바로 뇌졸중이다.

우리 병원으로도 방송작가들이 의학 자문을 요청할 때가 있다. 몇 년에 한 번씩 제작되는 정통 의학드라마를 통해 간접적이라도 질환에 대한 바른 지식을 전하는 것이 나쁘지는 않다. 하지만 실생활에서는 뇌출혈보다 뇌경색 발병률이 거의 네 배 정도가 높다. 그런데도 드라마에서는 주로 뇌출혈을 다룬다.

왜 그럴까? 갑작스런 극 전환이나 권선징악에 있어서 뇌출혈만큼 좋은 소재가 없기 때문이다. 뇌경색은 갑작스럽게 발작하지만 불량한 생활 습관이나 식습관으로 인해 아주 천천히 뇌혈관이 막혀지다가 어느 날 쓰러지는 것이다. 따라서 뇌경색은 꼭 어떤 상황이나 결과에 의해 쓰러지게 하는 장치로는 다소 어렵다. 하지만 고혈압성 뇌출혈은, 극 중 등장인물의 악한 행동이 드러나거나 원하지 않는 선택을 해야 하는 극심한 스트레스 상황에서 발병한다. 또한 순식간에 심각한 장애를 입기 때문에 매우 드라마틱하다.

〈천하일색 박정금〉에서 미모 하나로 안방 주인을 밀쳐 내고 자리를 꿰찬 사 여사는 갖은 악행이 드러나는 순간, 혈압이 올라 뇌출혈로 쓰러진다. 그리고 오른쪽 편마비가 온 상태에서 비참한 말로를 맞는다.

12살 띠동갑 연상연하 커플 이야기인 〈아현동마님〉에서도 탐탁치 않은 딸의 결혼식을 지켜보던 아버지가 고혈압성 뇌출혈로 쓰러져 결혼식이 무산된다. 겹사돈 이야기를 다룬 〈미우나 고우나〉에서는 사위의 횡령에 충격을 받은 장인이 고혈압성 뇌출혈을 일으켜 뒷목을 잡고 쓰러진다.

고혈압성 뇌출혈은 문자 그대로 고혈압에 의해 발생한다. 뇌내 혈관은 큰 혈관이 작은 혈관으로 급격히 갈라지는 형태다. 갑자기 혈관 크기가 줄어 압력이 높아지고, 거의 직각에 가깝게 갈라지기 때문에 압력을 가중시킨다. 고혈압성 뇌출혈은 이처럼 혈관이 갑자기 줄어드는 뇌내 혈관의 말단 혈관 부위에서 주로 발생한다. 이런 혈관은 혈압 변화에 민감하기에 스트레스 등으로 압력이 갑작스럽게 상승하면 혈관벽이 터지기 쉽다. 따라서 극적인 상황 전개를 위한 매개로 작가들이 뇌출혈을 선택하는 것이다.

다른 장에서 더욱 상세하게 다루겠지만 고혈압성 뇌출혈은 가족력과 당뇨, 고지혈증, 비만과 흡연 등이 매우 중요한 위험 인자다.

고혈압성 뇌출혈 이외 외상에 의한 경막하출혈과 뇌동맥류도 드라마에 자주 나온다. 〈조강지처 클럽〉에는 조강지처를 버리고 불륜의 원조로 살아가는 아버지가 나온다. 그는 아들 대신 교통사고를 당해 경뇌막과 연뇌막을 연결하는 정맥이 심하게 당겨져 경막하출혈을 일으킨다. 드라마 단골 메뉴인 교통사고의 대부분은 경막하출혈을 발생시킨다.

선천성 뇌동맥류도 심심치 않게 등장한다. 드라마 〈행복합니다〉에서는 뇌혈관이 꽈리 모양으로 부풀어 있는 선천성 뇌동맥류가 있는 줄 모르는 꽃미남 복서가 상류층 연인을 위해 무리하게 챔피언 결정전에 나갔다가, 크게 맞고 '뇌지주막하출혈'이 일어난다.

드물기는 하지만 〈태양의 여자〉처럼 계단에서 굴러 떨어져 '미만성 축삭 손상'에 의한 뇌출혈이 등장하기도 한다. 미만성 축삭 손상은 충격에 의한 외상성 뇌 손상으로 뇌의 신경 경로가 찢어져 뇌조직 중에서 손상을 잘 받는 중뇌나 연수, 뇌량, 백색질 부위 등에 문제가 생기는 질환이다. 이로 인해 드라마에 나온 주인공과 같이 의식 불명 상태에 빠질 수 있다.

05

뇌졸중에 대한 아홉 가지 오해

진료를 하다 보면 많은 사람들이 뇌졸중에 대해 오해하고 있다는 것을 알게 된다. 이런 오해를 푸는 정보들을 꾸준히 알려 나간다면 뇌졸중을 예방할 때, 혹은 뇌졸중이 발생했을 때 참고가 될 수 있을 것이다.

명의를 만나면 완치할 수 있다?

임상 경험이 풍부하고 의료 기술이 뛰어난 뇌졸중 명의는 있다. 하지만 한 번 손상된 뇌혈관과 뇌세포를 완벽하게 회복시킬 순 없다. 그래서 뇌졸중 발병 후 몸이 회복되어 '정상'이라고 말하는 것은 환자 본인이 장애를 인지할 수 없는 정도의 경미한 후유증이 남은 상태를 의미한다. 엄밀히 말하면 완벽하게 정상으로 돌아올 수는 없다. 뇌졸중을 전문적으로 치료할 수 있는 병원에서 빠른 시간 안에 최선의 치료를 받는다면, 장애 정도를 낮추거나 평생을 누워지내는 일은 피할 수 있다.

많은 환자와 보호자들이 뇌졸중을 완치하겠다는 일념으로 검증이 되지 않은 기관을 전전하는 것을 보면 안타깝다.

🔖 뇌졸중은 발병 후에만 치료할 수 있다?

상담을 하다 보면 가족 중에 뇌졸중 환자가 있으면 본인도 뇌졸중이 올까 노심초사하면서도, 뇌졸중을 예방할 수 있는 방법으로 별다른 게 있겠냐고 물어보는 사람들이 많다. 하지만 뇌졸중 중에서 뇌경색은 전형적인 생활 습관병이기 때문에 꾸준히 관리를 해 주면 발병 가능성을 상당히 낮출 수 있다.

또한 검사 장비의 발달로 뇌혈관 상태를 정확하게 진단할 수 있어 뇌혈관이 터지거나 막히기 전에 수술할 수 있다. 이렇듯 지금은 뇌졸중을 적극적으로 예방할 수 있는 방법이 보편화되었다.

뇌동맥류가 있어 쉽게 터질 수 있는 경우 '뇌동맥류 결찰술'로 미리 묶어 놓기도 한다. 뇌혈관 기형 환자에게는 '뇌혈관 기형 절제술'이나 색전술, 방사선 치료 등을 하고 있다. 뇌경색일 경우에는 막히기 시작한 곳에 '뇌혈관 조영술'을 실시할 수 있다. 뇌혈관 조영술은 대퇴부쪽에서 뇌혈관으로 연결시킨 관을 통해 좁아진 혈관 부위에 풍선이나 스텐트를 삽입하여 혈관을 넓혀주는 시술이다. 이 수술은 혈관이 완전

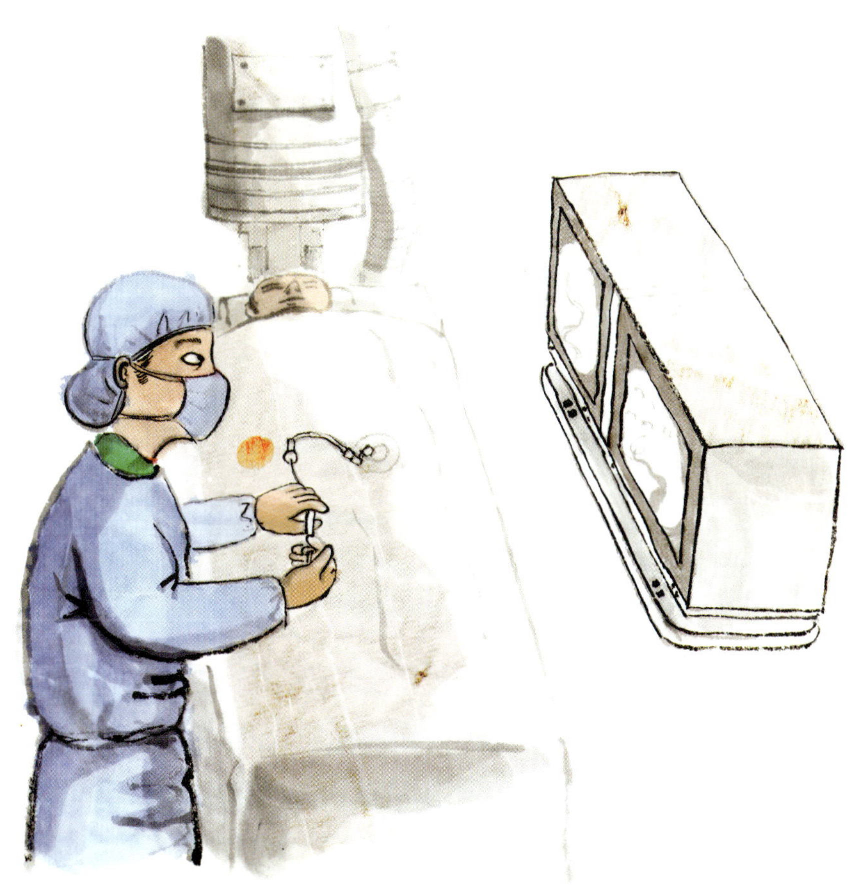

뇌혈관 조영술을 하는 장면

히 막히는 것을 예방해 준다.

예방술은 시술의 위험도 낮고 회복도 상당히 빠르다. 시술을 받고 사흘 정도가 지나면 정상적인 생활을 할 수 있다.

뇌졸중 예방을 위한 뇌혈관 조영 삽입술

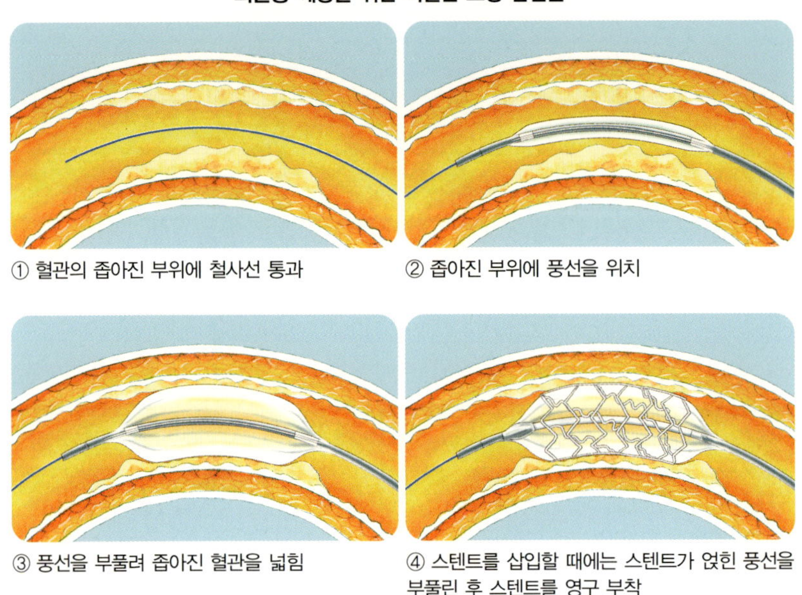

뇌졸중에 걸리면 누구나 마비가 생긴다?

얼마 전 한 기사에 따르면 한국인이 암보다 더 무서워하는 질병이 뇌졸중이라고 한다. 많은 사람들이 뇌졸중을 두려워하는 이유는 마비 때문이다. 하지만 뇌졸중에 걸렸다고 꼭 마비가 생기는 것은 아니다.
뇌의 표면적은 신문지 한 장 정도밖에 안 된다. 그러나 뇌는 헤아릴 수
없이 많은 신경세포와 신경섬유로 구성되어 있다. 또한 수없이 많은
일을 하고 있다. 뇌 부위가 담당하는 역할도 제각각이기 때문에 운동
신경 부위가 아닌 곳에서 출혈이나 경색이 발생한다면 신체 마비는 생
기지 않는다. 다만 운동신경이 뇌의 많은 부분을 차지하고 있어서 마
비를 동반하는 뇌졸중이 많은 것이다.

원인 없는 두통, 대부분이 뇌졸중?

원인을 찾을 수 없는 두통이 계속되면 혹시 머리에
이상이 있는 것이 아닌가 하고 병원을 찾는 경우가
있다. 편두통이 있으면 혈관에 문제가 생길 확률이
높다는 학계 보고도 있다. 하버드대학 부속 브리검
부인병원이 2만 7천 798명의 여성을 대상으로 12년에
걸쳐 조사한 결과에 따르면 일주일에 한 번 이상 편두
통을 앓는 여성은 편두통 경험이 없는 여성에 비해 뇌졸중 위험이 평
균 세 배 높다고 한다. 이와 같이 두통은 뇌졸중의 위험 인자다. 그렇
다고 두통 자체가 뇌졸중인 경우는 매우 드물다. 특히 오랫동안 계속
된 만성 두통인 경우에 뇌졸중일 확률이 더 적다. 하지만 머리가 깨질
듯한 두통이 갑자기 발생한다면 뇌졸중을 의심해 보아야 한다.

🔖 아이들은 뇌졸중에 안 걸린다?

아이들도 뇌졸중에 걸린다. 소아뇌졸중이라고 불리우는 '모야모야 병'은 심장에서 피를 공급 받아 뇌로 전달하는 경동맥의 안쪽 벽이 점점 두꺼워져 경동맥이 막히게 되는 질환이다. 10세 이하의 어린이와 30~40세의 두 연령층에서 주로 발병한다. 특히 4세 중심의 소아에서 많이 발병하고 그 다음이 34세 중심의 성인에서 많이 발견된다. 여자가 남자보다 두 배 정도 발병률이 높다.

건강보험심사평가원의 통계에 의하면 2004년에서 2006년까지 2년 동안 19세 이하 소아청소년의 뇌졸중 환자 수가 16퍼센트 증가한 것으로 발표되었다.

모야모야병은 초기에 가벼운 뇌경색 증상을 보인다. 그런데 대부분의 부모들이 뇌졸중을 노년층 질환으로 치부하고 간과하는 경향이 있다. 아이들도 뇌졸중에 걸릴 수 있으니 이에 대한 주의가 필요하다.

🔖 치매와 뇌졸중은 같은 병이다?

진료를 하다 보면 치매와 뇌졸중을 같은 질환으로 여기는 사람들을 종종 만나게 된다. 뇌졸중이나 뇌동맥경화 등으로 혈관성 치매가 생길 수는 있지만 뇌졸중과 치매는 다른 질환이다. 뇌졸중은 뇌혈관에 이상이 생겨 신경세포가 손상되는 질병이다. 반면 치매는 알츠하이머와 같이 신경세포의 수가 감소하거나 퇴행성으로 인해 생기는 혈관성 치매가 대부분이다. 그 외 두부 외상 후 생기는 경막하혈종 그리고 감염과 약물중독으로 인한 치매가 있다.

🔋 뇌졸중으로 쓰러졌을 때는 손을 따면 된다?

"선생님, 뇌졸중으로 쓰러지면 손을 따야 한다면서요? 저는 몰랐어요"라고 잘못된 상식을 사실인 양 이야기하는 보호자들이 생각보다 많다. 그런 터무니없는 지식은 모르는 것이 약이다. 갑자기 쓰러진 사람의 손을 따면 피가 잘 흐른다고 생각하는 것은 매우 위험한 발상이다. 손을 따면 혈압이 순간적으로 올라 오히려 환자의 상태를 악화시킬 수 있는 결과를 초래할 수 있다.

🔋 모든 뇌경색은 발병 전에 신호가 있다?

뇌경색에 걸렸어도 평소에는 아무런 장애가 없는 무증상 뇌경색이 전체 뇌졸중의 11퍼센트 정도를 차지한다. 혈관이 막혀 주위 뇌세포는 죽었지만 막힌 부위가 신체에 영향을 별로 끼치지 않는 곳이라면 건강한 일반인과 별 차이 없이 생활할 수 있다. 따라서 뇌경색이 생긴 것도 모르다가 건강검진이나 다른 질환을 검사하다가 우연히 뇌경색을 발견하는 경우가 종종 있다. 우선은 장애가 없어 다행이지만, 뇌경색이 있었다면 뇌경색 자체가 재발의 위험 인자가 되기 때문에 더 심한 뇌졸중으로 발전할 가능성이 높다. 뇌경색이 있던 사람은 정상인에 비해 뇌졸중 발병률이 열 배나 된다. 당장은 별 문제가 없어도 뇌 속에 시한폭탄을 달고 사는 것과 같으니 빨리 처치해야 한다.

무증상 뇌경색이 발병하기 쉬운 고혈압, 비만, 당뇨, 가족력 등의 위험 인자가 있다면 정기적인 검사를 받아야 큰 불행을 막을 수 있다.

날씨가 추우면 뇌졸중에 잘 걸린다?

'수은주가 내려가면 뇌졸중 위험도는 올라간다'는 말이 있다. 날이 갑자기 추워지거나 일교차가 커지면 뇌혈관 수축이 일어나고 혈압이 올라갈 우려가 있다. 필자의 임상 경험을 돌아보아도 11월이나 3~4월의 꽃샘추위 때 유난히 뇌졸중을 의심하고 찾아오는 내원자들이 많았다. 하지만 통계청의 2004년 뇌졸중 월별 사망 통계를 살펴보면 1~2월과 11~12월이 1만 2131명, 3~6월이 1만 1375명, 7~10월이 1만 585명으로 계절에 큰 차이가 없는 것을 알 수 있다.

수분이 부족해 혈액이 끈적해지는 여름에도 뇌졸중이 발생한다. 에어컨의 잦은 사용으로 실내외 온도가 급격하게 달라 갑작스럽게 뇌혈관이 수축하는 것이다. 또한 뇌경색 발병은 생활 습관이 주요한 원인이기 때문에 특별히 계절을 가리지는 않는다.

그런데도 갑작스럽게 날씨가 추워지면 병원은 북적거린다. 계절에 맞춰 여러 언론이 뇌졸중 관련 정보를 보도하기에 뇌졸중을 의심하고 병원을 찾는 경우가 많기 때문이다. 또한 날씨가 추워져 혹시 뇌졸중이 온 것은 아닌가 하는 심리적 불안감이 작용한 것도 같다. 건강검진을 받으러 병원을 찾아 왔다가 숨겨졌던 무증상 뇌경색이나 다른 질환을 조기에 발견하는 이들이 있다. 다행히 조기 발견한 경우 진행 정도에 따라 적절한 조처를 해서 더 심각한 뇌졸중으로 발전하는 것을 막을 수 있다.

06

뇌졸중 예방
십계명

뇌졸중은 어느 날 갑자기 걸리는 병이 아니다. 뇌졸중은 젊어서부터 천천히 키우는 병이다. 지금 당장은 아무런 문제 없이 생활하지만 언제 발병할 지 모른다. 그런 점에서 예방이 최선의 방책이다.

일계명 담배는 미련 없이 끊어라

흡연은 확실히 동맥경화를 일으킨다. 그리고 혈액을 쉽게 응고시키기 때문에 뇌경색에는 독약과 같다. 특히 여성은 폐경기 이후 혈관이 약해지기 때문에 흡연 여성의 뇌졸중 발병률은 비흡연 여성에 비해 최대 9.1배 높다는 연구 결과가 있다. 흡연량을 줄인다고 위험 지수가 낮아지지는 않는다. 담배는 무조건 끊어야 한다.

담배를 끊기 위해서는 금연을 선언하고, 금단현상을 도와줄 대체품

노령, 복부비만, 흡연 등은 뇌졸중의 주요 위험 인자다.

을 적극적으로 찾아 이용하는 것이 좋다. 또한 가족과 동료들도 자극을 주지 않도록 노력해야 한다. 금연의 최대 적은 '담배를 피우는 동료'라는 설문 조사가 있다. 흡연하는 동료에게도 열심히 금연을 권해야 할 것이다.

이계명 술은 최대 두 잔까지 기분 좋게 마셔라

한두 잔의 알코올은 혈액 순환을 촉진시키고 대인 관계도 좋게 해준다. 적포도주에 들어 있는 항산화 물질인 폴리페놀이나 탄닌은 동맥경화를 예방한다는 보고도 있다. 하지만 이것은 매일 한두 잔을 마실 때 이야기다. 알코올이 핏속으로 들어가면 직행하는 곳이 뇌 중앙에 위치한 측중격핵(Nucleus Accumbens)이다. 알코올은 배고픔, 갈증, 성욕을 관장하는 측중격핵의 도파민 농도를 증가시켜 전두엽의 쾌감 중추를 자극한다. 이런 쾌감은 중독을 불러오는 매개가 된다. 지속적인 알코올 섭취는 뇌세포를 파괴하고 뇌용량을 감소시켜 뇌졸중은 물론 치매, 간경화 등의 원인이 된다. 특히 도수가 높은 알코올을 한꺼번에 마시면 뇌가 치명적인 손상을 입을 수 있다.

절주가 힘들다면 금주를 선언하고 술 문화를 차 문화로 바꾸어 나가는 것이 좋다.

삼계명 과체중을 주의하라

비만은 지방과다증이라고도 하는데, 필요 이상으로 섭취된 지방이 신체 여러 곳에 자리 잡아 이상 증상을 가져 온다.

최근 학계에서는 복부 비만과 뇌졸중의 연관성을 주목하고 있다. 복부 비만인 사람은 뇌졸중과 관계 있는 염증 유발 물질의 혈중 수치가 높고, 뇌졸중 위험 인자인 고혈압과 고지혈증 등 대사증후군 발생 가능성도 높다고 알려지고 있다.

이스라엘에서 남자 9천 151명을 23년에 걸쳐 조사한 결과, 체지방이 고르게 퍼진 사람에 비해 복부 비만인 사람이 뇌졸중으로 사망할 확률이 50퍼센트 높은 것으로 나타났다.

체중은 한꺼번에 늘지 않고 매우 천천히 느는 게 대부분이다. 평소 체중계 눈금을 잘 살펴서 평균 체중을 조금이라도 넘으면 그때 바로 관리해야 한다. 이것이 가장 좋은 예방이다. 국내만 해도 다이어트 시장이 약 1조 원 규모라고 한다. 쉬운 다이어트는 없다. 반드시 음식 조절과 수분 조절 그리고 운동을 함께해야 한다.

🔋 사계명 1주 3회, 30분씩 꾸준히, 규칙적으로 운동하라

'건강한 육체에 건강한 정신'이라는 말이 있다. 운동은 소화나 수면도 효과적으로 도와 육체를 건강하게 해 준다. 그뿐 아니라 뇌에서 '엔돌핀'을 발산시켜 안정되고 건강한 정신을 유지하는 데 큰 몫을 한다.

일반적으로 '유산소' 운동을 권한다. 유산소 운동이란 산소가 에너지를 만들어서 근육까지 도달하는 데 필요한 12분 이상, 조금 숨이 찰 정도의 운동을 말한다. 유산소 운동은 30분 이상 해야 효과를 볼 수 있다.

필자가 가장 많이 추천하는 것은 빨리 걷기이다. 충격 흡수를 잘하고 발이 편한 신발만 있으면 언제 어디서나 할 수 있는 운동이 바로 빨리 걷기다. 이외 물속에서 걷는 아쿠아로빅이나 댄스, 계단 오르내리기 등도 좋은 유산소 운동이다. 운동 시간이 여의치 않다면, 평소 빨리 걷는 습관을 들이고 계단을 오르내리고, 자전거로 출퇴근을 하라. 체력에 맞는 역기를 이용한 근력 운동과 국민체조 같은 간단한 스트레칭도 운동 효과가 뛰어나다.

단, 지나친 운동은 심장과 관절에 무리를 주기 때문에 운동을 한 후 통증이나 구토 등이 생기면 즉시 중단해야 한다.

🔋 오계명 식단을 싱겁고 담백하게 혁신하라

우리나라 음식은 그다지 기름지지는 않지만 국이나 찌개 등에 소금이 많이 들어가 있다. 세계보건기구의 하루 평균 소금 섭취 권장량은 5g이다. 그런데 우리나라 사람은 하루에 약 13.4g을 섭취한다. 권장량보다 2.7배나 높은 것이다. 짠 음식은 혈압을 높여 뇌졸중 위험도를 높인다. 또한 서구식 음식과 패스트푸드 등의 기름진 음식도 문제다. 항산화 물질이 많은 채소류와 해조류를 즐겨 먹는 습관이 필요하다.

"오메가-3 지방산이 좋냐?"고 질문을 종종 듣는다. 알래스카 원주민은 오메가-3 지방산을 풍부하게 섭취해 뇌졸중이 거의 발병하지 않는다고 한다. 하지만 굳이 비싼 건강식품을 구매해 가계에 부담을 주기보다는 제철에 나오는 등푸른 생선을 일주일에 2회 이상 섭취하는 것이 좋다.

식단을 개선하기 위해서는 미리 계획해서 한번 먹을 만큼만 구입한다. 지방이나 당분이 많은 식품은 가급적 사지 않는다. 또한 음식은 먹을 만큼 덜어서 식탁에서만 먹는 습관을 들이자. 가능하면 찌거나 데

치는 음식을 먹는 것이 좋다. 또한 천천히 먹는 습관도 필요하다.

- **고등어** 등푸른 생선의 대표 주자로 오메가-3 지방산이 풍부하다. 혈중 콜레스테롤 및 중성지방을 낮추며 혈전을 방지하고 동맥의 탄력을 높여 주어 혈액의 순환을 왕성하게 한다.
- **토마토** 토마토에는 리코펜과 비타민C, 루틴이 풍부하다. 토마토의 리코펜은 혈관 속 콜레스테롤을 굳게 만드는 활성화 산소의 작용을 억제하여 혈류의 흐름을 좋게 한다. 비타민C와 루틴은 모세혈관을 강화하고 혈압을 낮춰 준다.
- **강황·울금** 강황과 울금에 함유된 커규민이라는 성분은 뇌혈관 손상을 막고 뇌의 혈액 흐름을 원활하게 하며 뇌세포에 산소와 영양성분을 꾸준히 공급해 준다.
- **검은콩** 검은콩에는 양질의 단백질과 비타민B, 비타민E, 레시틴, 사포닌 등이 들어 있다. 검은콩에는 고혈압의 원인이 되는 나트륨을 배출시키는 칼륨과 혈관 내부를 깨끗하게 청소하고 혈액 순환을 부드럽게 하는 사포닌이 풍부하여 혈압과 콜레스테롤 수치를 낮추는 효과가 있다.
- **견과류** 견과류에는 오메가-3 지방산, 비타민E, 플라보노이드, 식물성 스테롤 등의 항산화 성분이 풍부하다. 항산화 성분은 혈중 저밀도 지방단백질(LDL), 포화지방산 및 콜레스테롤 수치를 낮춰 준다.

육계명 스트레스는 그때그때 풀어라

고령은 뇌혈관 질환을 높이는 위험 인자다. 뇌졸중 환자의 대부분이 노년층이다. 그런데 최근 젊은 뇌졸중 환자가 늘어나고 있다. 사회생활을 하면서 스트레스를 많이 받아서인지 30~40대의 뇌졸중 환자가 많아졌다.

스트레스는 혈압을 상승시키고, 부정맥을 유발해 동맥경화를 일으킬 수 있다. 남에게 지기 싫어하고 성취욕이 강한 사람들이 느긋한 사람들에 비해 심뇌혈관 질환에 걸린 가능성이 높다는 보고가 있다. 미국 스탠퍼드 의과대학은 쥐를 실험해 스트레스가 뇌 해마에 있는 신경세포를 파괴한다는 것을 입증했다. 미국의 경우 흑인이 백인보다 뇌졸중에 걸리는 확률이 높은데, 이는 흑인이 역사적으로 오랜 차별을 겪어 사회적인 스트레스가 극심하기 때문이라고 밝힌 조사도 있다.

2005년 국민건강영양조사에 의하면 국민 세 명 중 한 명 이상이 스트레스를 많이 느낀다고 답변했다. 그런데 많은 이들이 스트레스를 과음이나 흡연, 폭식으로 풀어 건강이 만신창이가 되고 있다.

통제할 수 없는 일들이 속출하는 현대 사회에서 스트레스를 받지 않고 산다는 것은 불가능하다. 하지만 스트레스는 적절히 관리할 수 있다. 일찍 자고 일찍 일어나며 식사를 제때 하는 등 단순한 일상생활 관리도 스트레스 조절에 도움이 된다.

스트레스가 생기면 하루 안에 스트레스를 풀어주는 것이 좋다. 운동이나 대화 또는 명상 등 나만의 해소 방법을 개발하는 것도 스트레스를 조절하는 지혜다. 환자 중에는 봉사 활동을 하면서 자잘한 스트레스를 없앤 경우도 있다. 스트레스로 심한 피로를 느끼거나 어깨·목·근육통, 우울증, 불면증 등이 생기면 전문의의 도움을 받도록 한다.

🔋 칠계명 만성질환부터 치료하라

보건복지가족부는 2005년 조사를 통해 20~64세 청장년층 중 50퍼센트가 고혈압, 비만, 당뇨병 중에서 한 가지 이상의 질환이 있다고 밝혔다. 고혈압, 비만, 당뇨병은 고지혈증과 함께 뇌졸중 발병률을 높이는 위험 인자다. 필자의 임상 경험에서도 20~30대 환자가 적지 않다. 만성질환은 뇌졸중 발병의 큰 요인이다. 대표적인 만성질환으로는 고혈압, 당뇨병, 비만, 이상지혈증 등이 있다.

🔋 팔계명 혈압과 콜레스테롤 수치 변화를 주시하라

정상 혈압은 위쪽 혈압인 수축기(높은 수치)가 140mmHg 미만, 아래쪽 혈압인 확장기(낮은 수치)가 90mmHg 미만이어야 한다. 혈관은 심장이 수축해서 혈액을 뿜어낼 때에 손상을 받게 된다. 따라서 확장기가 90mmHg 미만이라도 수축기가 140mmHg 이상이면 고혈압으로 분류된다. 수축기가 120mmHg 이상이면 치료를 받아야 한다.

맥압은 높은 수축기에서 확장기를 뺀 수치인데 보통 50 이내가 정상이다. 맥압이 정상보다 높다면 혈관의 탄력성이 떨어졌다는 의미다. 따라서 뇌졸중 발병 가능성도 높다.

간혹 "저혈압도 뇌졸중을 일으키나요?"라고 질문하는 사람들이 있다. 저혈압은 수축기가 90mmHg보다 낮은 경우다. 혈압이 높으면 혈관

• 고혈압

대표적인 생활 습관병이다. 장기간 고혈압이 지속되면 혈관이 탄력을 잃고 두꺼워진다. 이것이 바로 동맥경화다. 높은 혈압은 혈관 내벽에 상처를 준다. 이것은 동맥 내벽에 지방 침전물이 쌓이는 죽상경화증과 혈관이 풍선같이 튀어나오는 동맥류의 직접적인 원인이 된다. 뇌혈관에 이와 같은 혈관 이상이 생기면 뇌졸중이 발생한다.

또한 고혈압은 자각 증상이 없기 때문에 심뇌혈관 질환 등 중증 질환이 발병했을 때 알게 되는 경우가 많다.

고혈압인 줄 알면서도 '약을 먹기 시작하면 평생 끊을 수 없다' 는 속설에 건강식품이나 운동 등으로 혈압을 낮추려는 사람이 많다. 혈압을 낮추는 노력을 하려면 엄격한 자기 관리가 뒤따라야 하는데 나이가 들면 혈관은 자연히 약해진다. 그런 점에서 관리로만 혈압을 낮추기는 어렵다. 수많은 환자를 진료했지만 자기 노력만으로 혈압을 정상으로 유지하는 경우는 거의 없었다. 운동을 정말 열심히 하면 혈압이 낮아진다. 운동으로 혈압이 낮아졌다고 단번에 약을 끊지 말고 약의 양을 줄여나가야 한다. 고혈압 약은 중독성이 없다. 또한 약을 끊으면 혈압이 다시 올라가는 것 외에는 금단현상도 없다. 고혈압 약은 못 끊는 것을 염려할 게 아니라 안 끊어야 한다.

고혈압은 뚜렷한 이유 없이 혈압이 오르는 본태성 고혈압과 신장이나 부신 기능 이상으로 발생하는 이차성 고혈압 그리고 악성 고혈압이 있다. 의사 가운만 보면 '혈압이 오른다' 는 환자를 종종 만나는데 이것을 '백의성 고혈압' 이라고 한다. 심리적으로 혈압이 오르는 일시적인 현상이다. 이런 사람들은 의사가 보이지 않는 곳에서 안정을 찾은 후 혈압을 재면 된다. 최근에는 동네 의원이나 병원마다 자동혈압기가 있어 누구나 무료로 이용할 수 있다. 자동혈압기를 볼 때마다 혈압을 재는 습관을 들이는 것도 바람직하다.

• 당뇨병

당뇨병은 인슐린 분비가 부족하거나 정상적이지 않아 혈중 포도당 농도가 높아지는 질환이다. 혈당이 높아지면 피가 끈적끈적해져 그만큼 혈액순환이 원활하지 않고 심장에 부담을 준다. 말초혈관의 경우 혈액이 미처 도달하지 못해 가장 빨리 망가지게 된다. 뇌혈관 역시 손상을 많이 받아 뇌졸중 위험도를 높인다.

선천적으로 인슐린을 분비하지 못하는 '제1형 인슐린 의존형' 인 '소아당뇨' 는 한국의 경우 전체 당뇨 환자의 3~5퍼센트를 차지한다. 나머지는 '제2형 인슐린 비의존형' 이다. 제2형 당뇨는 유전적 요인 외에 서구적인 식생활에 따른 고열량, 고지방, 고단백의

식단과 운동 부족, 스트레스 등 환경적 요인이 크게 작용하고 있다. 이와 같은 환경적 요인은 당뇨뿐 아니라 뇌경색의 직접적인 위험 인자가 된다.

• 비만

비만은 고혈압과 당뇨병을 일으키는 대표 주자다. 우리 몸에 필요 이상의 지방이 쌓이면 지방세포에 공급해야 할 산소가 더 많아져야 한다. 이에 심장은 더욱 펌프질을 열심히 하게 되면서 혈압이 높아지게 된다. 비만이 뇌졸중의 발병 위험에 높은 비율을 차지하는 것은 이 때문이다.

특히 복부 비만은 뇌졸중 발병과 관련성이 높다. 복부 비만의 경우 배 둘레를 5cm 줄이면 혈압은 10mmHg 이상 내려간다는 보고가 있다.

• 이상지혈증

고지혈증이라고 일반적으로 불리는 이상지혈증은 고콜레스테롤혈증, 고중성지방증, 고밀도 콜레스테롤저하증 등의 혈중 콜레스테롤에 이상이 생긴 경우다.

콜레스테롤은 세포와 세포막을 구성하는 중요 성분으로 장기 기능과 상태를 정상으로 유지하는 스테로이드 호르몬과 성호르몬을 합성하는 재료다. 또한 소화 흡수에 필요한 담즙산의 원료이기도 하다. 콜레스테롤은 신체에 꼭 필요하지만 과하면 병이 된다.

중성지방과 HDL-콜레스테롤(고밀도 지단백), LDL-콜레스테롤(저밀도 지단백)을 합쳐 총콜레스테롤이라고 한다. 이 중에서 일명 '나쁜 콜레스테롤'인 LDL-콜레스테롤은 혈관벽에 쌓이는 콜레스테롤의 주성분으로 심장 질환을 일으키는 주범이다. HDL-콜레스테롤은 '좋은 콜레스테롤'로 혈관벽에 콜레스테롤이 쌓이지 않도록 콜레스테롤을 간으로 운반하여 체외 배설이 되도록 돕는다. 인체 지방 조직에 저장된 대부분의 지방이 중성지방으로 그 중 일부가 혈액 내에 존재하는데 고중성지방혈증은 대부분 당뇨를 동반한다.

총콜레스테롤이 200mg/dL 이상이고, HDL-콜레스테롤이 40mg/dL 미만이면 이상지혈증으로 적극적인 관리를 해야 한다. HDL-콜레스테롤은 수치가 높을수록 좋다. 중성지방도 심장병의 위험을 증가시키는 데 대개 200mg/dL 이상이면 위험하다.

이상지혈증이라는 진단을 받으면 포화지방과 콜레스테롤이 높은 햄버거와 같은 정크푸드는 당연히 끊어야 하고 체중도 줄여야 한다. 또한 적어도 일주일에 세 번 이상 그리고 30분 이상은 유산소 운동을 해서 LDL-콜레스테롤을 낮추고, HDL-콜레스테롤을 증가시켜야 한다.

이 약해지고 노폐물이 쌓여 뇌졸중을 유발하지만 저혈관은 혈관 자체를 크게 해치지는 않는다. 따라서 혈압이 낮다고 뇌졸중을 걱정할 필요는 없다.

혈압은 하루 중에도 수없이 변한다. 나이와 식사 유무, 흡연 여부에 따라서도 변한다. 수면 부족이나 과로하지 않은 상태에서 식사나 운동 한두 시간 후에 커피나 흡연을 하지 않은 상태에서 재야 가장 정확하게 혈압을 잴 수 있다. 약을 복용하고 있다면 복용 전에 혈압을 재야 한다.

혈압기는 혼자서 버튼을 눌러 재는 디지털과 의료진이 재는 아날로그가 있다. 아날로그의 경우 의료진이 청진기로 심장 상태를 확인하면서 눈금을 재기 때문에 심장박동을 알 수 없는 디지털보다 정확하다. 또한 혈압을 잴 때는 심장 높이로 팔을 올려야 하기 때문에 손목형보다는 안정감 있는 팔뚝형이 좋다.

콜레스테롤은 음식으로도 흡수되지만 우리 몸에서 합성되기도 한다. 콜레스테롤은 뇌와 신경세포의 막을 구성하는 중요한 역할을 한다. 하지만 기준치를 넘으면 혈관 내 혈전을 만들어 뇌경색을 유발하는 주요 원인이 된다. 성인의 콜레스테롤은 200mg/dL인데 240mg/dL을 넘으면 관리를 해야 한다.

혈압과 콜레스테롤 수치는 정상 기준을 넘어도 특별한 자각 증상이 없다. 따라서 합병증으로 악화하기 전에 반드시 관리를 해야 한다. 유전적인 요인도 있겠으나 비슷한 생활 습관을 가진 가족의 경우, 고혈압과 고콜레스테롤 환자가 가족 중에 있다면 동일한 질병을 가질 확률이 높다. 따라서 40대 이후 고혈압과 고콜레스테롤 가족력이 있는 경우에는 정기적으로 혈압과 콜레스테롤 수치를 측정해야 한다.

구계명 응급상황 발생 시 3시간 안에 병원으로 이송하라

갑자기 말을 어눌하게 하거나, 한쪽 신체를 쓸 수 없으면 뇌졸중을 의심하고 반드시 전문적인 치료가 가능한 응급실로 3시간 이내에 이송해야 한다. 뇌와 심장은 다른 기관과 달리 생명과 직결된 상당히 예민한 기관이기 때문이다. 뇌세포는 한 번 손상되면 재생이 불가능하다. 산소가 부족하면 1분에 190만 개의 뇌세포가 죽는다. 그만큼 뇌졸중은 시간과의 싸움이다. 뇌세포의 손상으로 인한 치명적인 장애를 막기 위해서는 증상 발생 후 가능한 빨리 병원에 도착해야 한다.

뇌경색의 경우 3시간 이내에 병원에 도착하면 tPA라는 효율적인 혈전용해제를 사용해 장애를 최소화할 수 있다. 하지만 검증되지 않은 약물이나 대체의학에 의존하거나 이 병원 저 병원을 전전하다가 생명과도 같은 시간을 흘려보내는 경우가 의외로 많다.

응급 상황이 발생하면 환자 본인은 의사 표현을 할 수 없을 것이다. 이상 증상이 있으면 재빨리 119를 불러 응급실로 이송되도록 도와주어야 한다.

🔋 십계명 한 번 발병했던 환자는 재발 방지에 올인하라

뇌졸중은 재발이 많은 질환이다. 뇌졸중이 발병했다는 것은 혈관이 전반적으로 취약하다는 것을 반증한다. 뇌졸중은 발병 후 첫 30일이 재발 위험도가 가장 높다. 그리고 발병 후 5년 내에 뇌졸중이 발병했던 네 명 중 한 명이 재발한다는 조사도 있다. 정상인에 비해 운동이나 관리가 어렵기 때문에 재발 위험성이 커지는 것이다. 따라서 이 기간에는 더욱 세심한 추적 관찰과 자기 관리가 필요하다. 뇌졸중 경험만으로도 재발 위험이 높은데 여기에 고혈압, 심장질환, 당뇨병, 고지혈증 등의 질환이 함께 있다면 더욱 위험해진다.

또한 담배를 끊지 못하고 과음을 계속한다면 뇌졸중 재발은 곧 현실이 된다. 치료 후 예후가 좋아 정상적으로 일상에 복귀하더라도 정기적으로 검진을 받아 재발 위험을 미리 단속하는 것이 중요하다.

바로 알고, 바로 치료하는 뇌졸중

2장

뇌졸중은 뇌혈관이 터지는 뇌출혈과 뇌혈관이 막히는 뇌경색으로 크게 나뉘어진다. 한의학에서는 일반적으로 중풍이라고 부른다. 뇌졸중은 갑자기 어지럽거나, 갑자기 한쪽이 마비가 되는 등 '갑자기' 발생하는 경우가 많다. 어원학적으로 보아도 뇌졸중(腦卒中)의 卒은 '갑자기', 中은 '맞다'의 뜻을 갖고 있다. 영어에서는 뇌졸중을 'stroke-발작'이라고 부른다. 임상에서 쓰는 'apoplexy-졸중'의 어원은 '벼락을 치듯 갑자기 증상이 온다'는 그리스어다. 갑자기 뇌졸중이 올까 봐 두려워하지 말고 진료와 적절한 검사를 받는 것이 좋다.

뇌를 알면 보이는 뇌졸중

뇌는 약 1,300~1,500g 정도로 체중의 2퍼센트 정도를 차지하지만 에너지는 신체 생산량의 20퍼센트를 소비한다. 잠잘 때도 쉬지 않고 일하는 뇌는 24시간 내내 산소와 포도당을 공급 받아야 정상적인 기능을 할 수 있다.

뇌에는 까 놓은 호두알처럼 주름이 많다. 뇌는 한정된 공간에서, 몸의 각 기관을 담당하고 있는 다양한 기능을 수행하기 위해 표면적을 늘려야 했다. 그렇다고 주름이 많을수록 똑똑하다고 단적으로 말할 수는 없다. 주름보다는 뇌신경 세포가 얼마나 조밀하게 잘 연결되어 있는지가 중요하다.

뇌는 크게 대뇌, 소뇌, 뇌간으로 구성되어 있다. 뇌간은 다시 연수, 뇌교, 중뇌로 나뉜다. 뇌는 부위별로 운동, 인지, 감각 등의 각기 다른 기능을 수행하는 것으로 알려져 있다. 현대 과학으로는 미처 알 수 없는 신비와 무한한 가능성을 지녀 '소우주'라고 부르기도 한다. 간혹

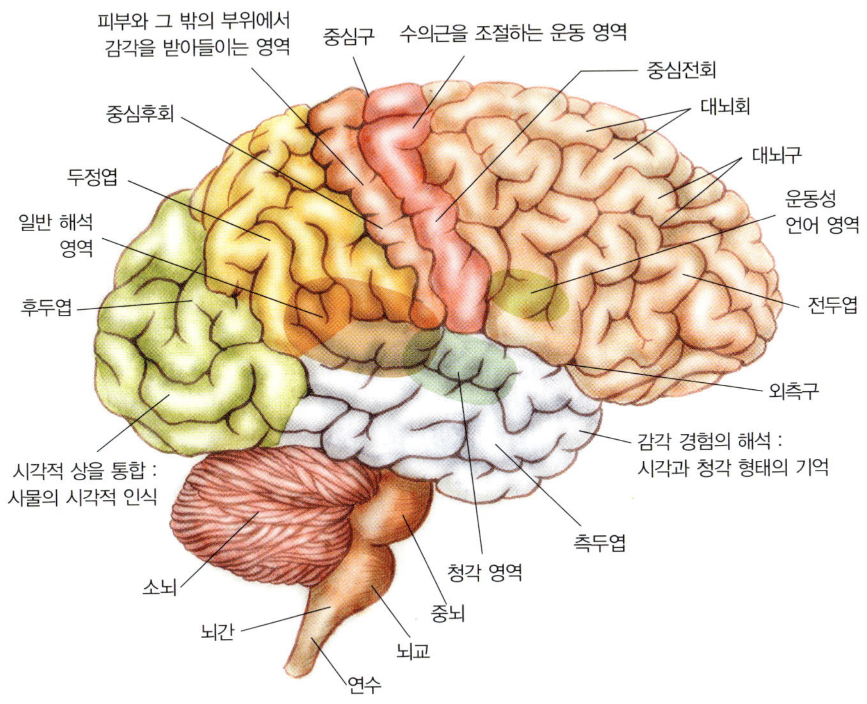

치매나 뇌졸중 예방에 화투나 두뇌 게임이 좋다고 말하는 사람들이 있다. 그러나 실제로는 뇌에 산소와 피를 원활하게 공급해 주는 운동이 뇌건강에 더욱 효과적이다.

뇌의 각 영역 안쪽으로는 뇌신경세포와 뇌혈관이 각각 단단한 연결망을 이루고 있다. 운동 영역을 지나가는 뇌혈관에 이상이 생기면 운동 기능에, 인지 영역을 지나가는 뇌혈관에 이상이 생기면 인지 기능에 문제가 발생한다. 좌우 뇌는 각각 신체의 반대편을 관장한다. 따라서 우측 뇌혈관에 이상이 생기면 신체 좌측이 마비된다.

　뇌혈관은 크게 동맥과 정맥으로 나뉜다. 동맥은 심장에서 산소와 포도당을 풍부하게 공급받은 혈액을 뇌로 운반한다. 정맥은 신체와 뇌를 열심히 순환하고 이산화탄소와 노폐물을 포함한 혈액을 다시 심장으로 모아 보낸다. 동맥은 굵기에 따라 대동맥, 소동맥과 모세혈관으로 다시 나뉜다. 목 부위의 좌우에 손가락을 대면 맥박이 뛰는 것을 느낄 수 있다. 이 부분이 심장으로부터 뇌에 혈액을 공급하는 좌우 두 개의 경동맥이다. 경동맥은 뇌의 앞부분에 혈액을 공급하며, 뒷부분은 목 뒤쪽에서 올라가는 두 개의 추골 동맥에서 혈액을 공급받는다. 이 네 개의 혈관은 비교적 굵은 동맥이다. 이곳에 염증이 생기거나 섬유소, 지방이 쌓이면 죽상동맥경화증을 일으킬 수 있다. 죽상동맥경화증은 오래된 수도관 안에 녹이 생기는 것처럼, 혈관 안쪽에 콜레스테롤과 세포들이 죽처럼 쌓인 죽종(atheroma)이 생겨 혈관이 좁아지는 것이다. 죽상동맥경화증이 생기면 뇌졸중이나 기타 치명적인 뇌기능 장애가 온다.

02

막히거나 터지는 뇌졸중

🔖 뇌경색

뇌경색은 뇌혈관이 막히는 허혈성 뇌졸중이다. 전체 뇌졸중의 약 80 퍼센트가 뇌경색인데 주로 서구식 생활 습관으로 생긴다.

1. 일과성 뇌허혈 발작(TIA), 미니뇌졸중

뇌졸중은 갑자기 발생한 국소 신경장애, 즉 말이 나오지 않거나 한 쪽 팔다리가 마비되는 등의 증상이 24시간 이상 지속되는 뇌혈관 질환을 총칭한다. 최근 학계에서는 '일과성 뇌허혈 발작(TIA)'을 주목하고 있다. 일과성 뇌허혈 발작은 심하게 좁아진 뇌혈관에 혈액 흐름이 잠시 정체되거나 핏덩어리에 의해 뇌혈관이 잠깐 막히기에 신경장애가 나타난다. 그러나 곧 뚫리기 때문에 최대 24시간 안에 장애가 사라진다. 정의상으로는 24시간까지 증상이 지속되는 것을 말하지만 실제

뇌경색 발병이 잦은 부위와 발생 원인

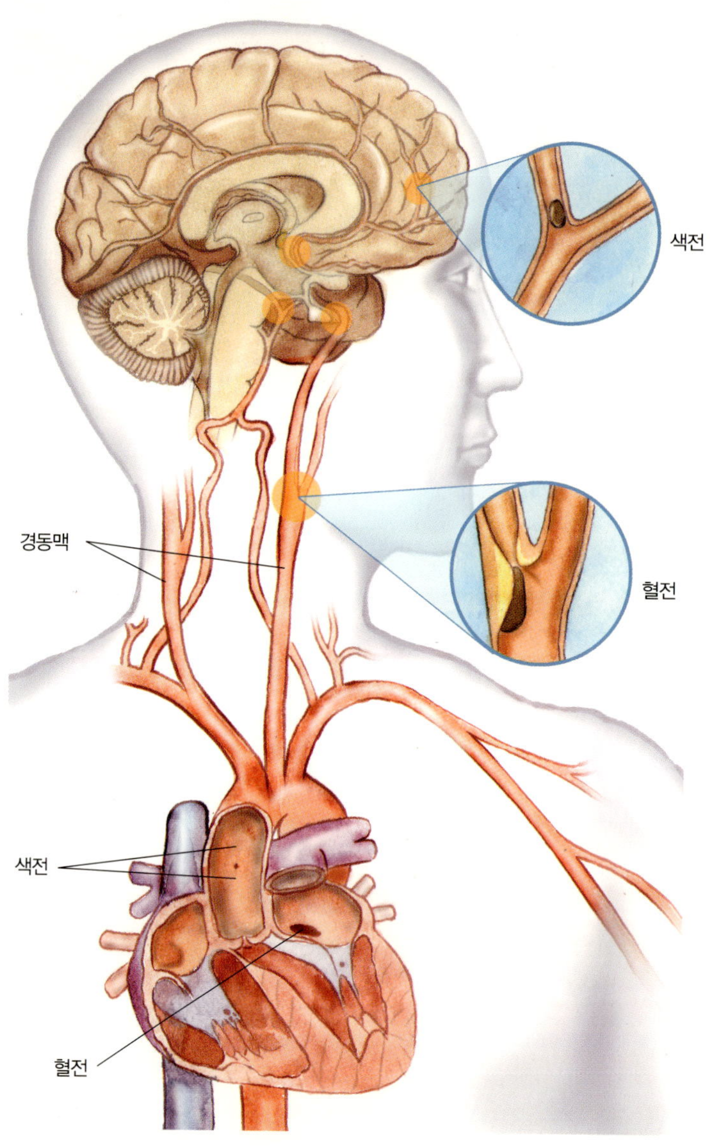

로는 보통 10분에서 1시간 안에 좋아진다.

따라서 일과성 뇌허혈 발작이 오면 피곤하거나 나이 들어서 온다고 생각하고 무심히 넘기는 경우가 많다. 하지만 뇌경색 환자의 약 10퍼센트가 뇌경색 이전에 일과성 뇌허혈 발작을 경험하고 있다. 특히 경동맥 폐색성 질환에 의한 뇌경색 환자의 50~75퍼센트가 일과성 뇌허혈 발작을 경험한다. 외국 학계에서는 '미니뇌졸중' 또는 '뇌졸중 경보'라고 부르기도 한다. 미니뇌졸중이 생겼던 사람의 삼 분의 일이 5년 이내에 뇌졸중이 발병한다는 보고가 있다. 특히 1년 이내에 뇌졸중이 발병할 위험도가 높다. 따라서 주의 깊은 관찰이 필요하다.

일과성 뇌허혈 발작은 혈전증, 색전증, 혈류 이상에 의해 일어날 수 있다(60쪽 그림 참고).

일과성 뇌허혈 발작은 얼굴이나 팔 또는 다리 등 몸의 한쪽에 갑자기 마비가 오거나 어지러우며 이유를 알 수 없는 심한 두통이 생긴다. 뇌졸중의 전조 증상과 같은 것이다. 그러나 증상이 오래 지속되지 않아 "별일 아니겠지"라고 간과하는 사람들이 있다. 이게 바로 가장 큰 문제다.

증상은 갑자기 짧게 나타났다 사라졌지만 오랫동안 뇌혈관에 이상이 진행되어 왔기 때문에 뇌허혈 발작이 온 것이다. 일과성 뇌허혈 발작이 있으면 병원에 가서 혈관에 이상이 있는지 검사를 받아야 한다. 막히기 직전에 뇌혈관 조영술을 받으면 뇌경색을 막을 수 있다.

뇌경색은 크고 작은 차이는 있으나 대부분의 경우 치명적인 장애를 남겨 일상생활을 어렵게 한다. 평소 일과성 뇌허혈 발작이 오는지 주목해 뇌졸중을 예방하도록 하자.

- 자주 뒷머리가 저리고 목이 뻣뻣하다.
- 팔에서 힘이 빠지고 들고 있던 물건을 순간적으로 떨어뜨린다.
- 사물이 두 개로 보이기도 한다.
- 갑자기 눈이 핑핑 돌고 구토 증상이 있다.
- 갑자기 두통이 있다가 몇 분 후 다시 가라앉는다.
- 갑자기 다리가 굳어져 걷기가 불편해진다.
- 입술과 혀가 굳어져서 입을 잘 움직일 수가 없다.
- 생각하는 것을 제대로 말하지 못한다.
- 한쪽 눈이 잘 보이지 않는다.

2. 핏덩어리가 뇌동맥을 막는 뇌혈전증

뇌동맥에 콜레스테롤이나 지방이 죽처럼 쌓이는 것을 '죽상' 또는 '아테롬(Atheroma)'이라 한다. 죽상은 동맥 내벽에서 혈액이 굳지 못하도록 보호하는 혈관 내피 세포를 파괴한다. 아테롬에 혈소판이 붙어 핏덩어리, 즉 혈전을 만들고 혈전이 점차 커져 뇌동맥을 막으면 아테롬 혈전성 경색이 발병한다.

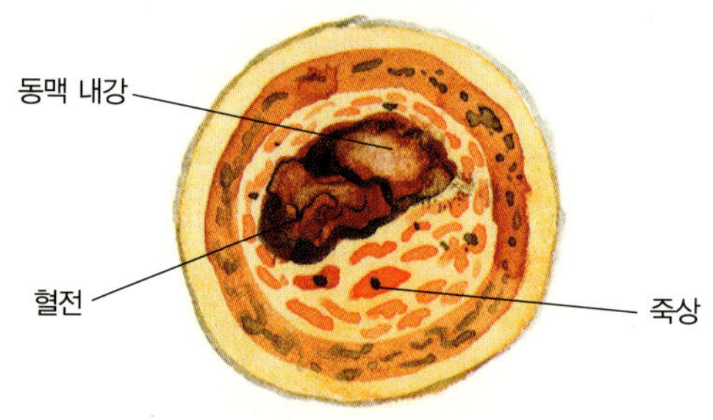

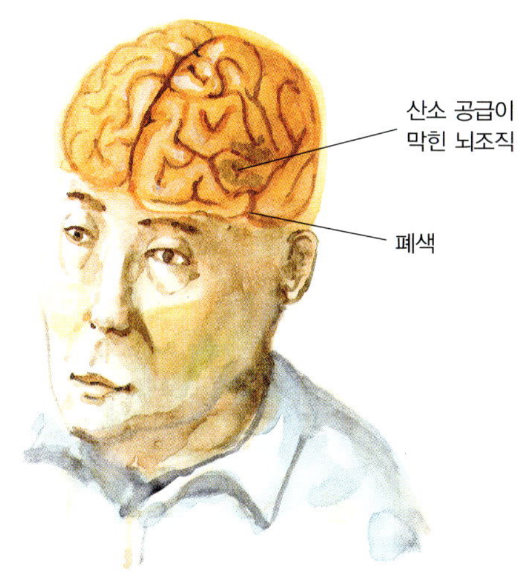

이 과정에서 혈액이 막혔다가 뚫리면 일과성 뇌허혈 발작(TIA)을 보인다.

뇌의 가는 혈관이 막히는 것을 '라쿠나 경색'이라고 한다. 뇌경색의 40퍼센트 정도가 라쿠나 경색이다. 라틴어로 '작은 구멍'이라는 뜻을 가진 라쿠나는 경색 부위가 직경 1.5㎜ 미만으로 작기 때문에 증상도 경미한 편이다. 적절한 치료를 받으면 예후도 좋다.

3. 돌아다니는 핏덩어리가 원인인 뇌색전증

심장이나 동맥에서 자라난 핏덩어리, 즉 혈전의 일부가 떨어져 나간 것을 색전이라 한다. 색전이 혈류를 타고 떠돌다가 뇌혈관을 막는 것이 뇌색전증이다. 주요 원인으로는 부정맥이 있다. 부정맥은 심장이 불규칙적으로 뛰는 것으로 부정맥의 일종인 심방세동을 가져올 수 있

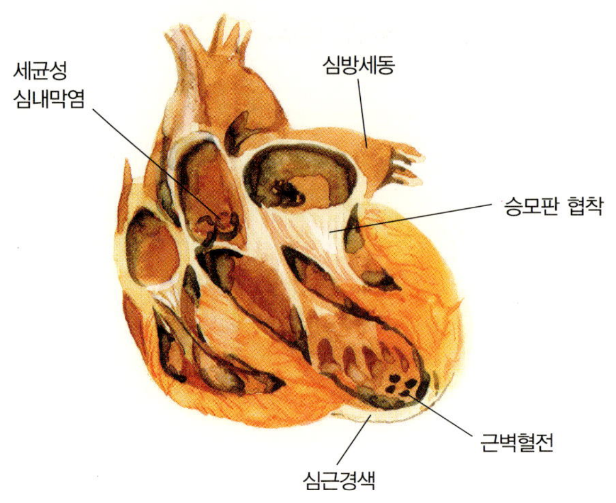

다. 심방세동은 색전을 만드는 원인이다. 갑자기 불쾌할 정도로 심장이 뛰거나 가슴에 통증이 생기면, 손목 맥을 짚어보자. 맥박이 불규칙하게 뛰면 반드시 심장내과 전문의의 진료를 받아야 한다. 젊은 사람들에게 뇌경색이 오면 대부분 부정맥이 원인인 경우가 많다. 부정맥 외에 세균성 심내막염과 승모판 협착증, 심근경색 등도 색전을 만드는 주요 원인이다.

4. 기타 원인으로 인한 뇌경색

발병 빈도가 높지는 않지만 혈액 질환이나 경구피임약, 해리성 대동맥류, 뇌동맥 촬영의 합병증, 섬유근성 이형성, 모야모야병 등도 뇌경색을 일으키는 직접적인 원인으로 밝혀지고 있다.

또한 경구피임약을 복용하는 여성은, 복용하지 않는 여성에 비해 뇌졸중 발병이 열 배 이상 높다는 보고가 있다. 따라서 가족력이나 고혈압 등 다른 위험 인자가 있다면 피임법을 바꾸는 것이 좋다. 흡연을 할 경우 경구피임약은 더욱 위험하다.

모야모야병은 뇌혈관 촬영을 하면 그물 모양의 가느다란 이상 혈관들이 마치 연기처럼 올라가는 것 같다. 모야모야는 '김이나 연기가 모락모락 피어오른다'는 의미의 일본어다. 모야모야병은 뇌 앞쪽으로 가는 주된 혈관인 내경동맥이 좁아지거나 막히면서 혈액이 부족해져 비정상적인 미세 혈관들이 생긴 것이다.

10세 이하의 아동이나 여성에게서 주로 발병한다. 대개 소아는 뇌경색, 성인은 뇌출혈 형태로 발병한다.

🔖 뇌출혈

뇌출혈은 뇌혈관이 터져서 뇌 안에 피가 고이는 것이다. 뇌졸중 중약 20퍼센트가 뇌출혈이다. 발병 위치에 따라 몇 가지로 나눌 수 있다.

1. 뇌내출혈이 바로 '뇌출혈'

고혈압성 뇌출혈은 뇌출혈의 가장 흔한 형태로 일반적으로 뇌출혈이라고 대표해 부른다. 뇌의 안쪽에 가느다란 혈관이 터져 뇌 속에 피가 고이면서 뇌가 손상된다. 외상, 혈우병, 백혈병, 혈소판 감소증, 뇌종양 등으로도 발병하지만 대부분이 고혈압을 관리하지 않아서 생긴다. 고혈압이 오래되면 작은 직경의 뇌혈관 벽이 점차 손상되고 여러 요인으로 혈압이 증가하면 혈관이 터져 생긴다.

2. 뇌동맥류에 의한 지주막하출혈

우리 뇌는 세 겹의 뇌막으로 싸여 있다. 뇌막 가장 바깥은 두꺼운 결합 조직층인 경막이 있고, 그 안으로 지주막과 연막이 있다. 지주막은 모양이 거미줄과 비슷해서 거미막이라고도 부른다. 지주막을 지나는 동맥 중 일부가 선천적으로 약해 꽈리 모양으로 부풀어 오르는 경우가 있는데 이를 '동맥류' 라고 한다. 후천적으로 혈관벽에 가해지는 지속적인 스트레스가 뇌동맥류를 발생시킨다는 보고도 있다. 동맥류는 언제 터질지 알 수 없다. 뇌동맥류가 터지면 뇌막 안쪽으로 피가 고인다. 이를 지주막하출혈이라고 한다.

뇌지주막하출혈이 발생하면 약 40~50퍼센트의 환자가 사망한다. 성인이 급사하는 요인 중에 하나가 뇌지주막하출혈이다.

동맥류 출혈

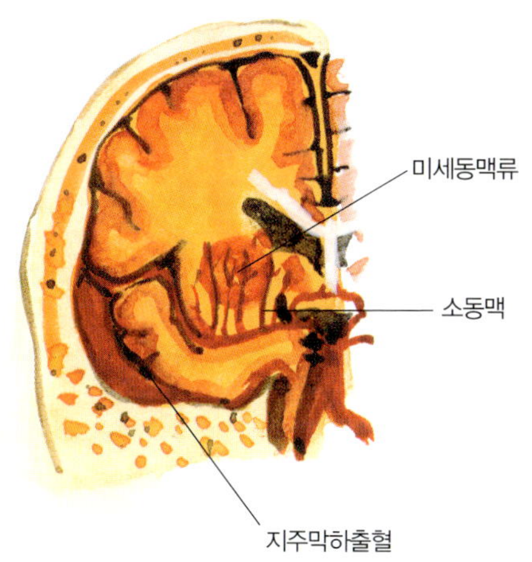

3. 기타 원인으로 인한 뇌출혈

그 외 만성 알코올 중독, 간경화증, 백혈병, 악성빈혈, 항응고제 사용, 아밀로이드성 혈관병변, 뇌혈관염, 모야모야병 등도 뇌출혈 발병 원인이다.

뇌졸중 중 뇌경색은 갑자기 발생하지만 매우 뚜렷한 전조 증상이 있다. 따라서 평소에 전조 증상이 어떤지를 숙지하고 있다가 그런 증상이 나타나면 응급조치를 받도록 한다. 고혈압, 당뇨, 가족력 등의 위험인자가 있는 사람이나 그 가족은 뇌경색의 전조 증상에 대해 미리 알아두고 가족들의 평소 행동을 눈여겨볼 필요가 있다.

03

이런 증상,
뇌졸중 의심하기

갑자기 한쪽 눈이나 양쪽 눈에 이상이 생긴다

물체가 잘 보이지 않거나 두 개로 보인다. 또는 한쪽 눈만 보이거나 물체가 절반만 보이기도 한다. 접시 우측에 고기가 있고 좌측에 생선이 있어도 한 쪽만 보여 다른 음식이 있다는 것을 모르기도 한다. 그래서 보이는 쪽 음식만 먹는다.

갑자기 몸의 균형을 잡지 못하고 조정을 못한다

똑바로 서기 힘들고 술에 취한 것처럼 비틀
거리면서 잘 걷지 못한다.

갑자기 말하고 듣는 것에 문제가 생겨 혼란스러워한다

상대의 말을 이해하지 못하고 생각대로 말이 나오지 않는다. 혀가
마음대로 움직이지 않아 말을 더듬는다. 말은 잘하나 엉뚱한 대답을
하거나 문장을 제대로 구사하지 못한다.

갑자기 극심한 두통이 있다

극심한 두통과 함께 구토를 하기도 한다. 특히 뇌압이 갑자기 상승되거나 뇌동맥류가 파열되면 극심한 두통이 생긴다.

갑자기 얼굴이나 팔다리에 힘이 빠지거나 마비가 온다

뇌경색의 대표적인 운동 장애다. 좌우 뇌 중 이상이 생긴 뇌혈관의 반대쪽 신체에 마비가 생기기 때문에 대부분 몸의 절반만 문제가 생긴다. 드물게는 신체 중 팔이나 다리 등 특정 부위만 마비가 오기도 하고 전신 마비가 오기도 한다. 하지만 대체로 신체 한쪽만 마비가 생긴다. 아예 움직이지 못하기도 하지만 단순히 저리는 듯 몸의 한쪽 감각이 둔해지기도 한다. 또는 팔다리에 갑자기 힘이 빠져 들고 있던 물건을 놓치기도 한다.

 갑자기 심하게 어지럽다
==

땅이나 천장이 빙글빙글 도는 것처럼 어지럽다. 주변은 가만히 있는 데 나 혼자 돌고 있는 것 같고 현기증이 난다. 귀에서 소리가 날 때도 있다. 심하면 구토를 한다.

뇌졸중 발생 시 대처 요령

전조 증상이 있은 후 3시간 안에 응급실에 도착한다

뇌졸중이 의심되는 전조 증상이 발생하면 바로 119에 구조 요청을 해야 한다. 일반 자가용보다는 병원 구급차나 119 구급차가 안전하고 신속하다. 증상이 좋아지기를 기다리거나 가족이 와서 도와주기를 기다리며 시간을 허비해서는 안 된다. 119 구급차가 여의치 않다면 가능한 모든 수단을 동원해 병원에 빨리 도착하는 것이 중요하다.

전조 증상이 있은 후 3시간 안에, 뇌졸중 치료가 가능한 병원 응급실에 도착하면 뇌로 가는 혈류의 차단 시간을 줄여 뇌세포 손상을 최소화 할 수 있다.

뇌경색의 가장 효과적인 치료로는 혈관을 막고 있는 혈전을 tPA라는 약물을 이용하여 녹이는 방법이다. tPA는 증상 발생 후 3시간 이내에만 사용할 수 있다.

　반신마비 증상으로 말을 제대로 못하던 환자도 뇌졸중의 ‘골든타임’ 이라고 하는 3시간 이내에 도착해 적합한 치료를 받고 거의 완치에 가까운 회복을 보이는 경우도 있다. 시간을 놓쳤다면 평생을 반신마비라는 장애를 안고 살아야 했을 것이다. 물론 환자 상태에 따라 3시간 이내에 도착했어도 tPA를 처방하지 못할 수도 있다. 하지만 어떤 처치든 빨리할수록 장애는 현저히 줄어든다. 따라서 전조 발생부터 3시간 이내에 전문병원에 도착해야 한다. 이것은 남은 인생이 걸린 중대 사안이다.

구조 요청을 했다면 환자를 평평한 바닥에 편안하게 눕힌다

환자의 의식 정도만을 확인한다. 의식을 깨우기 위해 뺨을 때린다든 지, 심하게 흔들어 깨우는 행동은 취약해진 뇌에 불필요한 자극을 주 어서 상태를 악화시킬 수 있다. 또한 손이나 발을 바늘로 따는 경우가 있는데 통증으로 혈압이 갑자기 올라가 증상을 악화시켜 더 큰 위험을 초래할 수 있으니 절대 삼가야 한다. 혹시 환자가 걸을 수 있더라도 혼 자 걷게 하지 말고 이동을 쉽게 할 수 있는 곳에 눕히고 구급차를 기다 리게 한다. 혼수상태나 코를 고는 것도 위험한 상태이므로 절대 안정 을 유지한다.

입속에 공기 흐름을 방해하는 이물질이 있는지 확인한다

혹시 구토를 했거나 틀니가 있으면 제거하여 기도를 확보해 준다. 간 혹 물이나 청심환 같은 약물을 억지로 먹이는 경우가 있는데 이런 행동 은 환자를 질식하게 하거나 폐렴을 유발할 수 있으니 삼가야 한다.

넥타이, 벨트처럼 몸을 죄는 것들은 모두 풀어 준다

몸을 조이는 것들은 모두 풀어 주어 혈액순환과 호흡을 원활하게 하도록 도와준다. 구급차가 올 때까지 실내 조명은 어둡게 하고 환기를 시킨다.

베개나 타월을 포개어 환자 어깨 밑을 받쳐 준다

머리를 높이 들어 올리면 숨쉬기가 힘들다. 베개나 타월을 포개어 목이 일직선이 되도록 한다. 그러면 머리가 뒤로 젖혀 기도를 충분히 확보할 수 있다.

05

병원에서의
뇌졸중 응급처치

응급실에 도착하면 보호자는 환자에게 뇌졸중 전조 증상이 정확히 언제부터 시작되었는지와 발병 상태, 고혈압이나 당뇨 등의 병력을 의료진에게 알려준다.

뇌졸중 치료에서 '골든타임'인 3시간은 전조 증상이 최초로 발생한 시점부터이기 때문이다. 보호자가 최초 목격자가 아니라면 구급차를 기다리는 동안 목격자에게 묻거나 환자를 자극하지 않는 선에서 환자에게 전조 증상 발생 시점을 알아본다. 발병 시점과 병력은 환자의 치료 방향을 결정하는 데 큰 영향을 끼치기 때문에 정확히 아는 것이 좋다.

환자 상태를 상세하게 보고하면 혈액과 소변을 채취하고 NIHSS(신경학적 결손 중증도)를 평가하고 심전도, CT(컴퓨터 단층촬영), MRI(자기공명영상) 촬영을 한다. 상황에 따라서는 MRA(자기공명 혈관 조영술) 검사를 한다.

검사 시간이 짧은 CT 촬영을 통해 우선 뇌졸중이 출혈성인지 또는 허혈성, 즉 경색에 의한 것인지 확인한다. 뇌출혈일 경우에는 출혈량에 따라 수술이나 약물치료 여부를 결정한다. CT 결과에 뇌출혈 소견이 없다면 MRI로 뇌경색 여부와 부위를 알아낸다. 뇌경색은 발병 시간에 따라 tPA나 동맥혈관 내 혈전제거술(IAT) 또는 기타 항혈전요법 등으로 치료를 한다. 뇌졸중에 의한 뇌손상을 최소화하기 위해서는 모든 검사와 치료 방법을 30분에서 늦어도 1시간 이내에 신속하게 결정하고 진행해야 한다. 그런 점에서 뇌졸중 치료를 위한 정밀한 검사 장비, 숙련된 인력, 그리고 안정된 시스템이 구축되어 있는 의료기관에서 응급처치를 받아야 하는 것이다.

뇌졸중 맞춤 검사와 진단

뇌졸중 맞춤 검사

출혈을 확인하는 CT(컴퓨터 단층촬영)와 경색을 확인하는 MRI (자기공명영상)

뇌졸중이 의심되어 응급실에 도착하면 가장 먼저 하는 것이 CT 촬영이다. 뇌 CT는 방사선을 이용하여 뇌의 단층을 촬영하는 것으로 빠른 시간 안에 마칠 수 있다. 응급 촬영을 통해 뇌의 출혈성 여부를 판단할 수 있다. 출혈성일 경우는 출혈 부위가 하얗게 찍힌다. CT 결과에서 이상 소견이 없다면 출혈성은 일단 배제한다.

급성 뇌경색일 경우에는 CT만으로는 이상을 발견하기 어렵다. 따라서 더욱 정밀하게 뇌 구조를 볼 수 있는 MRI 촬영을 한다. 뇌경색 발병 후 며칠이 지났다면 뇌 조직이 죽은 부위가 CT에 검은색으로 찍힌다. MRI는 자기장을 이용하며 뇌의 구조와 혹과 같은 낭종 등을 선명하고

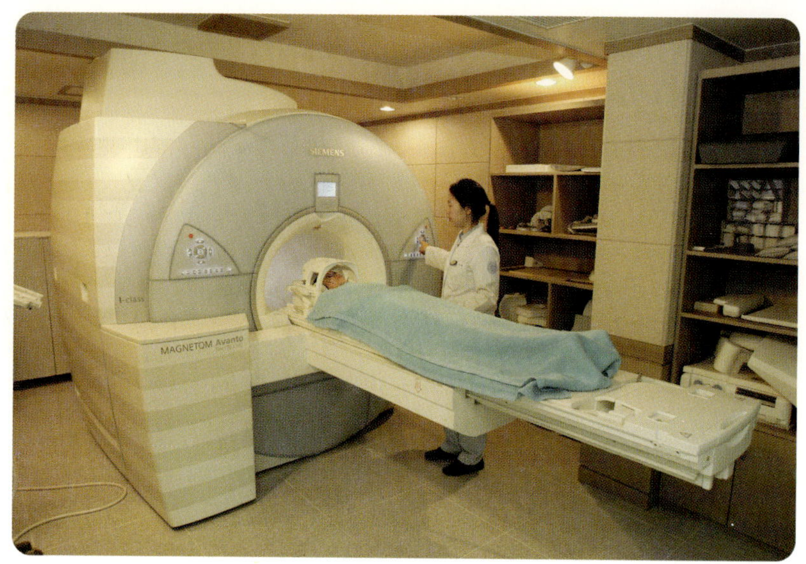

MRI 촬영 장면

세밀하게 볼 수 있으며 뇌경색 발병 후 바로 확인이 가능하다. 확산 강조 화상을 보면 경색은 하얗게 나온다. 하지만 MRI는 촬영 시간이 오래 걸리기 때문에 출혈성은 CT로 우선 진단하는 것이 일반적이다.

뇌경색의 경우 혈관의 상태를 보다 정밀하게 검사할 필요가 있다면 MRA(자기공명 혈관 조영술)를 통해 혈관의 좁아진 상태나 동맥류 등을 집중적으로 살피기도 한다.

급성 뇌졸중이 아닌 경우, 외래로 뇌졸중 진료를 받을 때는 뇌 종합검사를 실행한다. 검사를 통해 현재의 뇌혈관 상태를 알아보는 것은 물론이고 미래의 뇌혈관 상태를 가늠할 수 있기 때문에 뇌졸중을 미연에 방지할 수 있다.

뇌 종합검진은 MRI와 MRA 촬영을 통해 뇌혈관의 상태를 입체적으로 살펴보고, 기타 뇌졸중에 영향을 끼치는 신체적 상태를 검사한다. 검사 항목은 기본적인 신체계측을 포함해 적외선 체열진단, MRI, MRA, 동맥경화 협착검사, 경동맥 초음파, 뇌혈류검사, 뇌파검사, 혈액검사(총 콜레스테롤, HDL, LDL, 중성지방, 호모시스테인 등), 복부내장 비만검사다.

가족력이나 고혈압, 당뇨, 복부 비만 등 뇌졸중 발병률이 높은 위험인자가 있다면 1년에 한 번, 적어도 2년에 한 번은 뇌 정밀검사를 받아야 한다.

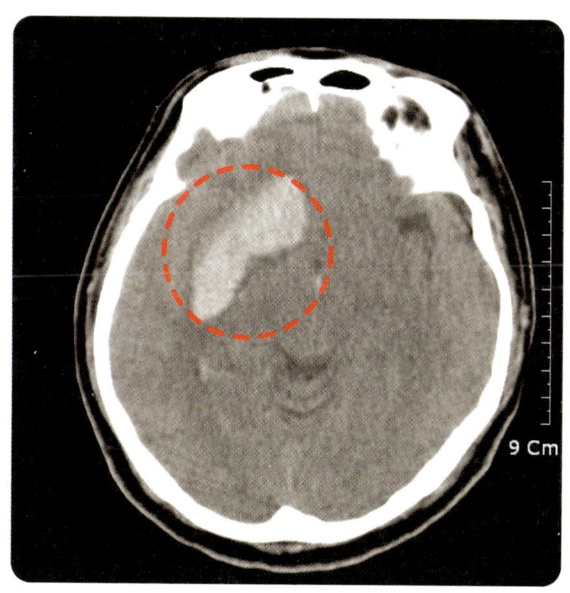

CT로 촬영한 뇌출혈 흔적

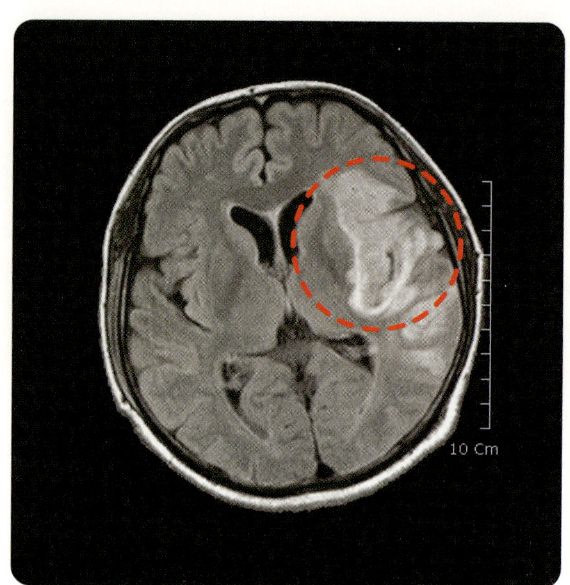

MRI로 촬영한 뇌경색 흔적

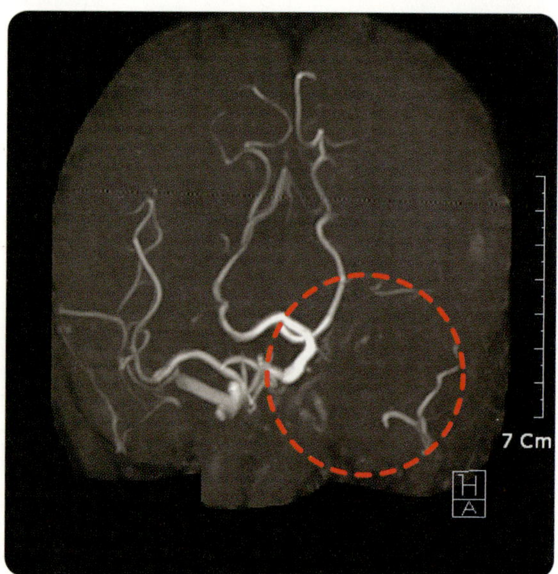

MRA로 촬영한 뇌경색의 혈관 흔적

NIHSS와 혈액, 소변, 심전도 검사

환자가 응급실에 도착하면 CT나 MRI 외에도 빠른 시간 안에 기타 검사들을 한다. 환자가 의식이 있을 경우는 응급실에 도착하고 나서 곧바로 NIHSS(신경학적 결손 중증도) 과정을 이수한 의료진이 NIHSS를 시행해 뇌졸중 중증도를 판단한다.

또한 염증 정도와 신장과 간 수치, 빈혈 등을 종합적으로 알아보기 위한 혈액과 소변검사, 심장박동의 이상 정도를 알 수 있는 심전도 검사를 기본적으로 한다. 환자에게 가장 알맞은 치료를 선택하기 위해 만반의 준비를 하는 것이다.

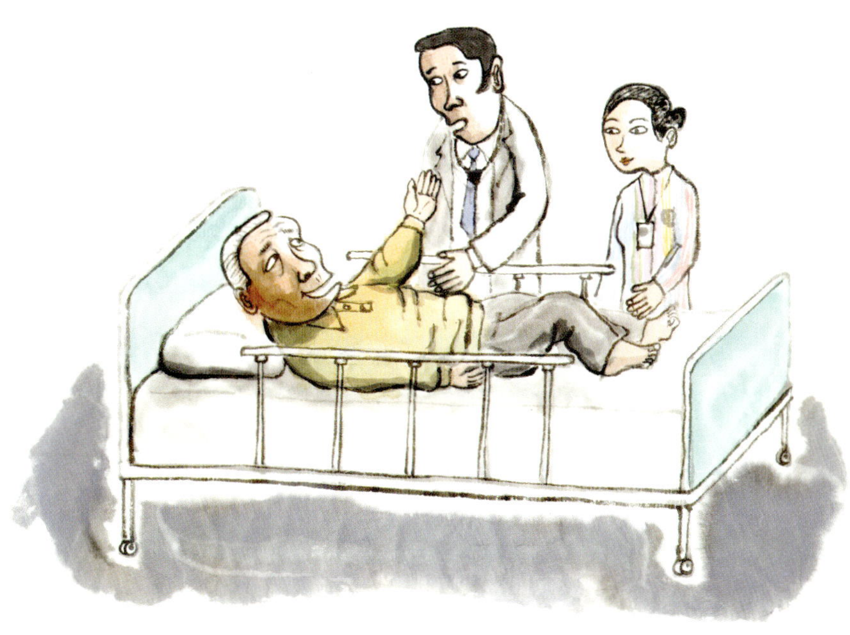

07

그때그때 다른
뇌졸중 치료

뇌출혈 치료

뇌출혈은 지주막하출혈과 뇌내출혈로 크게 나눌 수가 있다. 지주막하출혈은 뇌동맥류가 터져서 주로 발생하는 것이고 뇌내출혈은 주로 고혈압으로 인해 약해진 뇌혈관이 터져서 뇌에 피가 고이는 것이다.

뇌내출혈은 환자의 상태와 출혈량 그리고 출혈 부위에 따라 수술이나 약물치료를 한다. 뇌 수술이라고 하면 일반적으로 머리를 여는 수술만 상상을 하고 겁을 많이 낸다. 하지만 두피를 작게 절개 후 가느다란 관을 집어넣어 고인 피나 물을 제거하는 '천공배액술'과 뇌실까지 도관을 넣는 '뇌실외 배액술' 그리고 뇌정위 장치로 혈종 위치를 측정한 후 도관이나 내시경으로 혈종을 제거하는 '정위수술' 등 환자 상태에 따라 다양한 수술법을 적용할 수 있다.

개두술도 머리를 여는 심리적 신체적 부담이 있지만 수술 현미경 도

입으로 수술시 주변 조직과 혈관을 정확히 알 수 있어 과거에 비해 사망이나 합병증이 현저하게 줄어들었다.

약물치료는 출혈량이 경미하거나 출혈로 인해 오른 뇌압과 뇌부종을 예방하거나 치료하는 것이다. 뇌는 딱딱한 껍질인 두개골이라는 공간에 갇혀 있는 연약한 조직이다. 부풀어 오르는 뇌부종과 뇌압 상승은 뇌에 치명적이다. 또한 뇌혈류에도 영향을 끼친다. 뇌 부종이 심할 때 시행하는 '뇌감압술' 은 뇌혈류를 정상화하는 것이 목적이다.

뇌동정맥 기형

뇌동정맥 기형은 뇌동맥과 뇌정맥 사이에 모세혈관이 없이 뇌동맥이 직접 뇌정맥으로 연결되는 혈관 기형이다. 동맥에서 모세혈관으로,

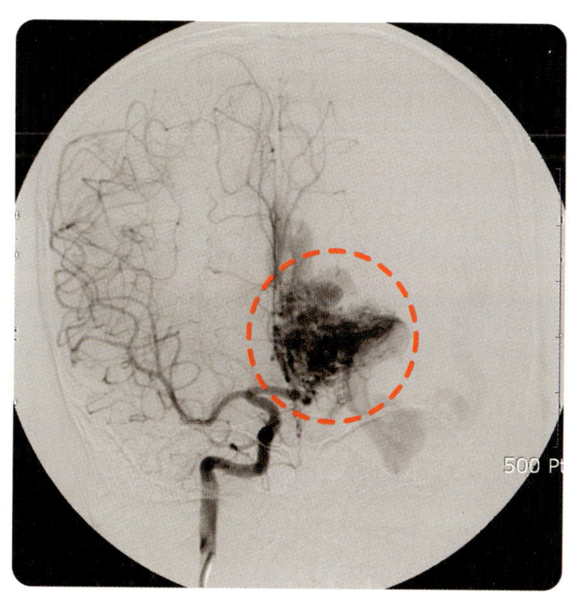

혈관 조영술로 촬영한 뇌동정맥 기형

모세혈관에서 다시 정맥으로 혈관이 이어져야 하는데 모세혈관이 없어 산소와 영양분 공급이 원활하지 않다. 그뿐 아니라 높은 동맥압(120/80㎜Hg)이 약한 정맥(원래 압력이 10㎜Hg)으로 바로 전달되기 때문에 정맥파열이나 출혈을 일으킨다. 뇌동정맥 기형을 갖고 있다면 그중 매년 2~3퍼센트 정도는 파열되어 뇌내출혈을 일으킨다. 파열되면 30퍼센트는 심각한 장애를 남기고 10~15퍼센트는 사망한다.

개두술로 뇌동정맥 기형을 없애는 것이 가장 확실한 제거법이다. 하지만 뇌동정맥 기형 크기가 3cm 이하이거나 뇌 속 깊이 위치해 있으면 감마나이프를 이용해서 방사선 치료를 할 수도 있다. 방사선 치료는 기형혈관에 감마선을 집중적으로 쏘아서 2~3년 정도에 걸쳐 서서히 기형혈관을 막히게 한다. 수술 중 출혈을 막거나 방사선 치료 전 출혈 가능성이 있는 동맥류 등을 미리 제거하기 위해, 혈관내 중재술로 혈관을 막는 색전술을 실시할 수도 있다.

뇌동맥류

뇌동맥의 일부가 비정상적으로 커져 풍선처럼 부풀어 오르는 것이다. 성인의 약 1퍼센트에서 발견된다. 일단 뇌동맥류가 파열되면 지주막하에 출혈이 일어난다. 삼 분의 이가 출혈 즉시 또는 30일 이내에 사망한다. 나머지는 치료하더라도 심각한 후유증을 남긴다. 또한 출혈 후 2주 내에 다시 출혈하는 경향이 높다.

대부분 특별한 예고 없이 파열된다. 파열 전에 뇌동맥류가 발견되면 반드시 치료해야 한다. 정확한 치료 계획을 세우기 위해서는 혈관 조

뇌동맥류 코일링

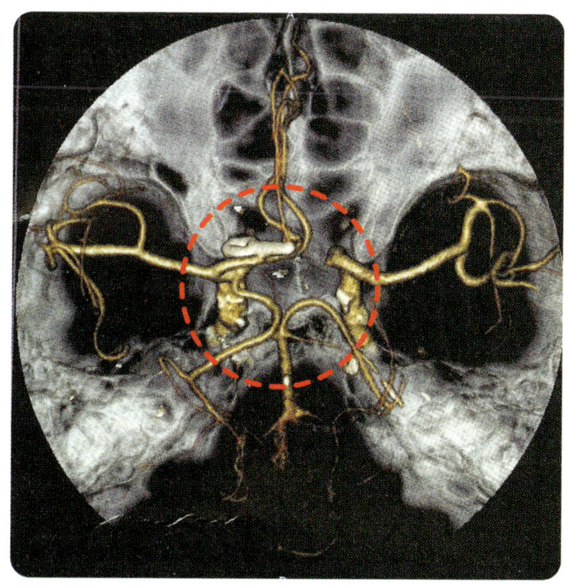

3D CT로 촬영한 뇌동맥류 클립

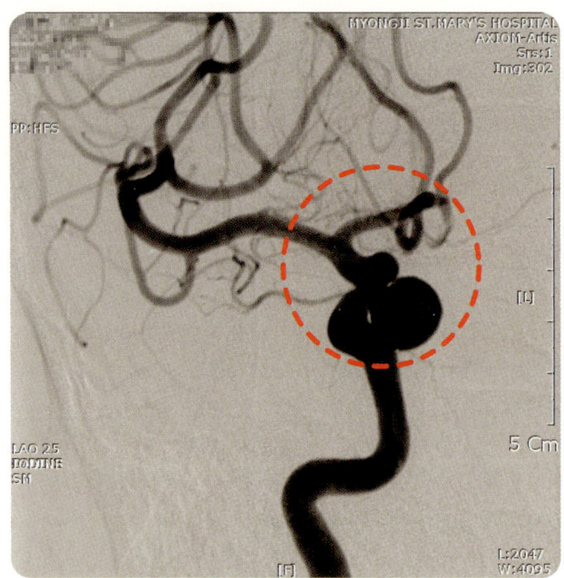

혈관 조영술로 촬영한 뇌동맥류 수술 전

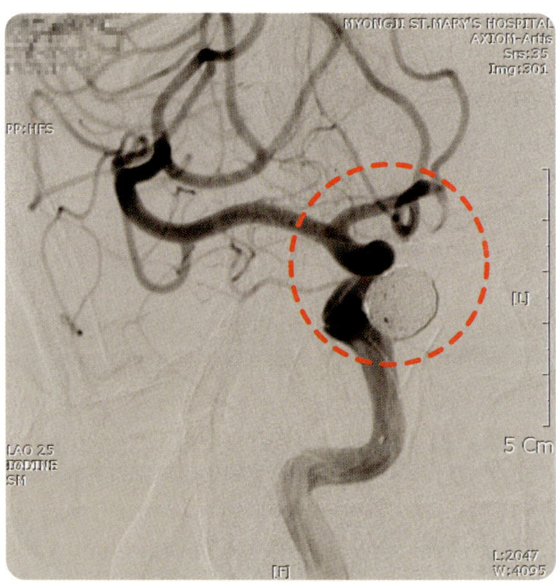

혈관 조영술로 촬영한 뇌동맥류의 코일링 수술 후

영술이 필요하다. 혈관 조영술은 대퇴 동맥을 통해 긴 관을 통과시켜 조영제로 뇌혈관만을 촬영하는 방법이다.

뇌동맥류는 약물치료로는 고칠 수 없다. 재출혈을 막기 위해서 개두술 후 뇌동맥류를 클립으로 묶거나 혈관 조영술을 이용해서 동맥류 안쪽에 백금 코일을 채운다(87쪽 그림 참고).

치료는 환자 상태와 동맥류 상태에 따라 적합한 방법을 선택한다.

뇌동맥류를 제거한 후에는 출혈된 혈액에서 독성 물질이 나와 뇌혈관이 수축되는 뇌혈관연축과 뇌척수액이 정상적으로 흐르지 못하는 수두증을 예방하는 조치가 필요하다.

박리성 동맥류

혈관 내벽이 찢어져 혈관벽이 부풀어 오르는 것을 '박리성 동맥류'라고 한다. 발생 원인은 명확하게 밝혀지지 않았다. 지주막하출혈을

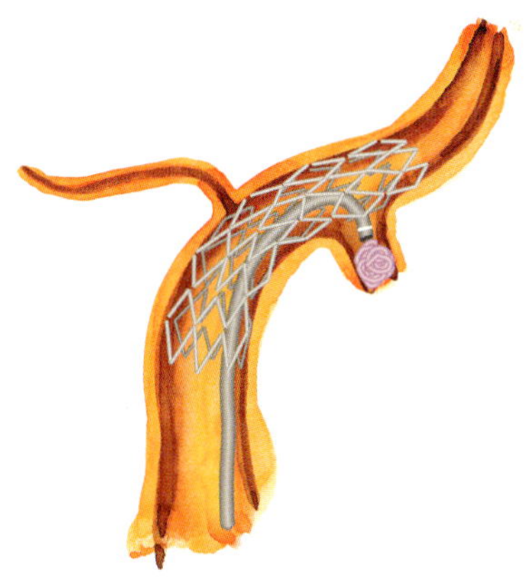

스텐트를 이용한 동맥류 색전술

일으킨다는 것은 뇌동맥류 파열과 비슷하다. 하지만 재출혈 가능성이 훨씬 높아 치료를 빨리 해야 한다. 박리가 일어난 부위를 막아 버리는 것이 가장 확실한 치료법이다. 간혹 혈관을 보존하기 위해 스텐트를 삽입하여 박리성 동맥류만 코일로 막는 경우가 있다. 그러나 이 치료법은 재발될 우려가 있다. 점차 악화하는지 경과를 관찰해 재빠르게 대처해야 한다.

뇌경색 치료

뇌경색은 빠른 시간 안에 막힌 혈관을 뚫어 주는 것이 관건이다. 뇌경색은 적절한 항혈전요법을 사용하여야 한다. 증상이 생긴 시기부터 3시간 안에 적절한 항혈전요법 치료를 받으면 치명적인 장애를 막을 수 있다. 그뿐 아니라 정상에 가깝게 회복할 수도 있다.

항혈전요법은 항혈소판제 투여, 항응고제 투여, 혈전용해제 투여의 세 가지 방법이 있다. 항혈소판제와 항응고제는 더 이상 혈전이 생기지 않도록 해서 뇌손상을 막는다. 혈전용해제는 혈관을 막는 혈전 즉 핏덩어리를 녹여 혈관을 다시 뚫어 뇌세포가 회복되는 것을 돕는다.

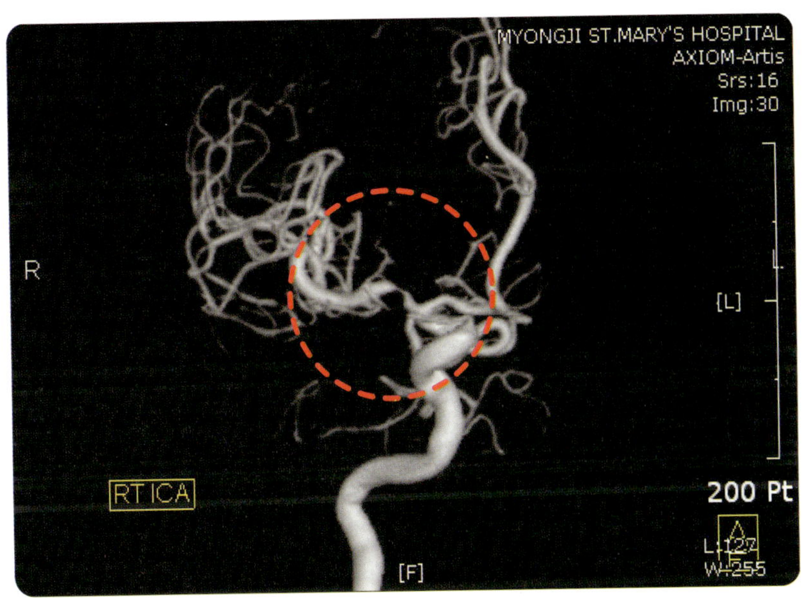

3D 혈관 조영술로 촬영한 뇌경색의 혈관 흔적

목 부위를 지나가는 큰 동맥인 경동맥에는 동맥경화가 일어나 혈전이 생기기 쉽다. 검사를 통해 경동맥이나 기타 다른 혈관이 좁아져 있는 것을 발견하면 혈관이 모두 막히기 전 스텐트 시술로 좁아진 혈관을 넓혀야 한다. 시술 중 혈관이 막히거나 찢어질 수 있으므로 반드시 숙련된 의료진에게 시술을 받아야 한다.

항혈소판제

주로 혈전으로 생긴 뇌경색에 쓰이는 약물이다. 아스피린, 티클로피딘, 클로피도그렐, 디피리다몰 등이 있다.

아스피린 : 뇌경색 예방을 위해 널리 사용되고 있다. 혈액 응고에

관계하는 트롬복산(thromboxane)을 효과적으로 억제한다고 알려져 있다.

티클로피딘 : 아스피린보다 예방 효과가 좋고 위장 출혈 위험도 적다. 하지만 백혈구 성분 중 신체에 들어온 박테리아나 진균을 없애는 '호중구 감소증' 등의 부작용이 있기 때문에 제한적으로 사용해야 한다. 심부전 치료제인 디곡신(digoxin), 혈관확장제인 테오필(theophylline), 위산 작용을 억제하는 제산제와 상호작용해 위장 장애나 출혈 등의 부작용이 생길 수 있으니 주의 관찰이 필요하다. 제산제와는 두 시간 간격으로 복용하도록 한다.

클로피도그렐 : 티클로피딘과는 유사한 제재이나 호중구 감소증 등의 부작용이 적고 아스피린보다 위장 장애도 적어 널리 사용되는 효과적인 약물이다.

항응고제

다른 혈관이나 심장에서 떨어져 나온 핏덩어리인 색전이 혈관을 막을 때 쓰는 약물이다. 헤파린, 저분자량 헤파린, 와파린 등의 약물이 있다.

헤파린 : 뇌경색 발병 초기에 정맥 또는 피하주사로 투여를 한다. 입원 중 혈액검사를 수시로 받아 투여량을 조절해 출혈 부작용을 줄일 수 있다.

와파린 : 퇴원 후 장기적인 항응고제 복용이 필요할 경우 처방한다. 정기적인 혈액검사를 통해 복용량을 조절해야 한다. 다른 약제와 함께

복용할 때 특히 위장 질환이 있는 경우는 부작용이 생길 수 있기 때문에 반드시 의사의 처방을 받아야 한다.

특히 성분을 알 수 없는 건강보조식품이나 한약을 함께 먹는 것은 매우 위험하다. 와파린을 복용하면 혈액 응고 기능이 떨어져 지혈이 잘 되지 않는다. 외상을 입거나 침술 치료를 받을 때 특히 주의해야 한다.

혈전용해제

뇌혈관이 막혔어도 뇌세포가 완전히 죽지 않아 살려낼 수 있는 부분을 '허혈성 음영(penumbra)'이라고 한다. 혈전용해제로 이 부분의 혈전을 신속하게 녹이면 혈관 재개통률이 25~70퍼센트에 이른다. 3시간 이내면 정맥혈전용해제인 tPA를, 3시간에서 6시간 이내라면 동맥내 혈전용해술로 치료한다. 6시간 이후에는 물리적 방법으로 혈전 제거를 시도한다.

tPA(티피에이) : 전조 증상이 보인 시점으로부터 3시간 이내라면 혈전용해제인 tPA를 정맥내 주사로 투여할 수 있는데 상당한 효과가 있다. 전신 마비 환자가 치료를 받고 거의 정상으로 회복된 예도 많다. 하지만 발병 후 3시간 이내에 적절한 치료를 할 수 있는 의료기관을 찾는 경우가 드물다. 의료기관을 찾았더라도 간혹 출혈을 일으키는 부작용이 있어 tPA는 엄격한 기준 하에 사용해야 한다.

tPA는 뇌출혈 병력이 있으면 사용할 수 없다. 또한 최근에 큰 외상을 입거나 뇌수술을 받았어도 사용할 수 없다. 또한 중증 고혈압과 심한 당뇨병, 뇌종양, 간질, 소화기 또는 비뇨기관 출혈 환자도 tPA를 쓸 수 없다. 이 외에도 환자의 tPA 사용 가능에 대한 정확한 점검과 의료진의 tPA 사용에 대한 풍부한 경험이 필요하다.

동맥 내 혈전용해술(IAT) : 발병 후 6시간 이내에 병원에 도착할 경우에는 대퇴부 동맥을 통해 카테터를 삽입하는 동맥 내 혈전용해술을 사용한다. 이는 카테터를 통해 막힌 혈관 부위에 혈전용해제를 직접 투여하여 막힌 혈관을 뚫는 방법이다. 막힌 부위에 제한적으로 사용하기 때문에 전신에 사용하는 tPA보다는 출혈 위험이 적다. 하지만 막혔던 색전이 떨어져 나가면서 혈관이 뚫리면 갑작스럽게 혈압이 상승해 출혈을 유발할 수 있다. 따라서 신중하고 경험이 많은 의료진이 시술하여야 한다.

모야모야병 치료

동맥이 좁아져 작은 혈관들이 담배 연기처럼 자라는 질환이다. 소아나 청소년기에는 뇌혈관이 서서히 좁아지면서 막혀 뇌경색을 주로 일으킨다. 30대 이후에는 대부분 출혈성을 보인다. 모야모야병으로 인한 작은 혈관들은 약해서 파열되기 쉽고 압력이 정상인보다 높아 뇌동맥류 같은 이상 혈관들이 쉽게 생기기 때문이다.

모야모야병은 아시아인에게 주로 발병하는데 그 원인에 대해서는 밝혀지지 않았다. 특히 어린이의 경우 악기를 불거나 뜨거운 것을 먹을 때, 심하게 운동한 이후 몸의 특정 부위가 힘이 빠지거나 몸이 저리

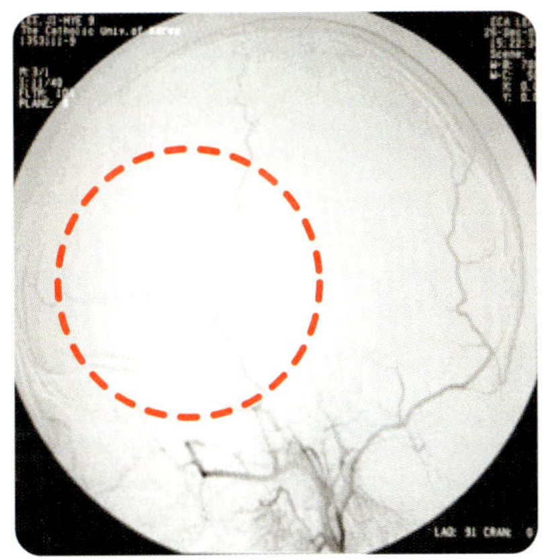
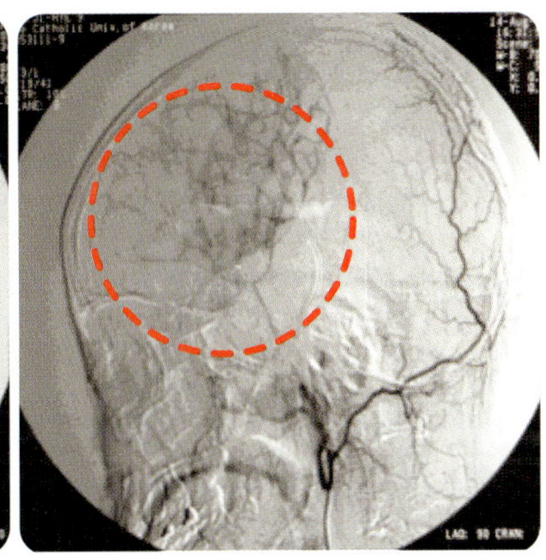

혈관 조영술로 촬영한 모야모야병 수술 전(뇌내 혈관이 보이지 않음)

혈관 조영술로 촬영한 모야모야병 간접혈관 문합술 후(뇌내 혈관이 살아남)

다가 24시간 이내에 증상이 사라지는 경우가 있다. 이때는 모야모야병을 의심해 보아야 한다. 간혹 심한 두통이나 경련을 보이기도 한다. 뇌혈류가 서서히 감소해 뇌기능이 저하 되고 학습장애가 나타나기도 한다.

혈관이 막히는 모야모야병은 약물로는 치료가 어렵기 때문에 수술이 필요하다. 모야모야병의 대표적인 수술은 간접혈관 문합술이다. 이 수술은 혈관을 심어 놓고 이 혈관이 자라 뇌에 혈류를 공급해 주도록 하는 것이다. 소아의 경우 간접혈관 문합술을 하면 좋은 결과를 보이고 있다.

성인의 출혈성 모야모야병은 특별한 치료법이 없다. 다만 간접 문합술과 함께 두피의 혈관을 뇌혈관과 직접 연결해 주는 직접혈관 문합술을 주로 시행한다. 하지만 문합술이 모야모야병으로 인한 뇌출혈을 예방하는지의 여부는 불명확하다. 수술 후 출혈의 원인이 되는 모야모야

혈관의 감소가 관찰되고 있을 뿐이다. 이외 출혈의 위험성을 떨어뜨리거나 뇌혈관 조영술로 출혈의 원인이 되는 동맥류나 파열 부위를 찾아 막는 치료를 할 수 있다.

뇌경색이 발생하기 전에 치료를 받은 모야모야병 환자의 예후는 대체로 좋다. 소아의 경우 수술 후 며칠 안에 3~5퍼센트에서 뇌경색이 발생한다. 그러나 장기적으로 살펴보면 뇌경색 발생이 거의 없다. 따라서 심각한 뇌경색이 생기기 전에 조기 치료를 받는 것이 중요하다.

뇌졸중 대표 합병증과 예방

뇌혈관이 손상되면 신체의 여러 기관이 급속도로 고장 나기 시작한다. 따라서 다양한 합병증이 발병한다. 때로는 합병증 자체가 목숨을 위협하기도 하기 때문에 세심한 관찰이 필요하다.

뇌졸중의 대표적인 합병증으로는 감염에 의한 폐렴과 요로 감염, 욕창, 경련, 치매, 정맥혈 저류, 심장 질환, 영양실조, 우울증 등이 있다.

감염증

뇌졸중에 걸리면 삼키는 것이 어려워진다. 따라서 침이나 음식물이 폐로 들어가 폐렴에 걸리기 쉽다. 특히 고령 환자는 폐렴으로 사망하기도 하니 더욱 주의해야 한다. 침이 기도로 넘어가지 않도록 고개를 옆으로 돌려주는 등 자세를 바꾸어 주거나 먹는 훈련에 힘써 주어야 한다.

배뇨 중추가 있는 전두엽 부위에 문제가 생기면 소변을 참지 못하거나 쉽게 배설하지 못하는 배뇨 장애가 생긴다. 심한 경우에는 요도에 관을 삽입해야 한다. 관을 계속 삽입하고 있으면 요로 감염에 걸릴 위험에 노출된다. 번거롭더라도 주기적으로 관을 교환해 주고 주변 피부를 건조하고 청결하게 해 주어야 한다. 열이 나면 감염증을 의심하고 검사를 받아야 한다.

무의식중에 대변을 보기도 하고 변비에 걸리기도 한다. 무의식적인 배설이 설사와 동반되면 음식 때문인지, 감염 때문인지 혹은 약물 때문인지를 의사와 상의해서 원인에 따른 치료를 받아야 한다.

변비는 물리적인 방법이나 약물을 쓸 수 있다. 그러나 평소에 수분과 섬유질을 충분히 섭취해 변비를 예방하는 것이 좋다.

욕창

마비가 생기면 움직이기가 힘들어진다. 하지만 움직이지 않으면 바닥과 계속 닿는 부위의 피부가 혈액순환이 되지 않아 창백해지고, 나중에는 주위가 붉어지면서 수포가 생기는 등 상처가 생길 수 있다. 이때 생긴 상처를 잘 관리하지 않으면 욕창이 되기도 한다. 욕창이 생기면 작은 상처도 금세 깊은 상처로 악화된다. 따라서 누워 있는 환자는 2시간 간격으로 자세를 바꾸어 준다. 또한 체중의 압력을 줄이기 위해

물침대나 공기침대를 쓰거나 베개를 이용해 피부가 받는 압력을 분산하는 것도 좋다. 또한 상처 예방을 위해 로션을 수시로 발라 주고 피부를 잘 말려 건조하고 부드럽게 유지한다.

경련

흔한 합병증은 아니지만 경련으로 심혈관계 이상이 올 수도 있다. 뇌졸중의 재발이나 다른 증상으로 오인하는 경우도 있으니 의사의 진료를 받아야 한다. 간단한 약물 복용만으로도 일상생활이 가능하므로 제때 치료받도록 한다.

치매

뇌졸중과 치매를 같은 질환으로 오인하는 경우가 있다. 그러나 뇌졸중과 치매는 다른 질병이다. 하지만 뇌졸중으로 뇌혈관이 반복적으로 막히거나 출혈이 생기면 뇌기능을 저하시켜 치매를 초래할 수 있다. 뇌졸중에 의한 치매는 적절한 검사와 치료를 받으면 증상이 좋아질 수도 있으니 치료할 수 없다고 단정하지 말고 꾸준히 치료받도록 한다.

정맥혈 저류

뇌졸중으로 인해 혈액순환에 이상이 생기면 정맥혈이 말초혈관에서 지체되어 혈전을 형성할 수 있다. 간혹 혈전이 폐의 모세혈관을 막기도 하므로 위험하다. 다리에 압박스타킹을 신거나 마비된 사지를 자주 움직여 주면 정맥혈 저류를 예방할 수 있다. 환자 상태에 따라 혈전을 막는 약물을 사용한다.

심장 질환

뇌졸중과 관련된 심장 질환으로는 부정맥이 대표적이다. 이외 심근경색과 심장판막 질환 등이 있다. 하지만 뇌졸중이 심장 질환의 직접적인 원인이라고 보기는 어렵다. 뇌경색이 있는 경우 흔히 심장혈관 동맥경화도 있어 뇌졸중과 함께 심장 질환이 동반되는 것이 대부분이다. 뇌졸중과 함께 심장 질환이 동반되었다면 무리한 운동은 하지 않는 게 좋다. 무리한 운동은 심장에 부담을 줄 수 있기 때문이다. 운동 범위와 강도에 대해서는 전문의와 반드시 상의한다.

영양실조

식욕은 정상인데 삼키고 씹는 것이 어려워 음식을 마음대로 먹지 못한다면 정신적인 고통이 매우 크다. 또한 영양 섭취도 제대로 할 수 없어 영양실조에 걸리기 쉽다. 환자 상태에 따라 코에서 위로 연결하는 위식도관이나, 배를 통해 위로 직접 관을 연결하는 위루관의 방법을 통해 영양을 공급한다. 아울러 음식을 삼키는 연습도 꾸준히 해야 한다. 국물이 많은 음식보다는 묽은 죽 정도의 점성에 약간의 덩어리가 있는 음식부터 삼키는 연습을 시작하는 것이 좋다.

우울증

뇌졸중 발병 후 심각한 장애가 오면 우울증이 생긴다. 또한 좌측 전두엽의 뇌혈관이 손상됐다면 도파민, 노르아드레날린 등이 감소해 우울증이 오기도 한다. 경중의 차이는 있지만 뇌졸중 환자의 약 50퍼센트가 우울증을 앓고 있다는 연구 결과도 있다. 우울증은 재활을 더디게 하기 때문에 가족과 친구들이 격려를 해 주어야 한다. 상황에 따라서는 정신요법이나 약물요법을 적극적으로 함께 사용하는 것이 좋다.

갑작스럽게 찾아온 뇌졸중, 대부분 정신은 온전하다. 하지만 어제까지 멀쩡했던 몸이 손가락도 움직이기 힘들게 된 것에 환자들은 깊은 좌절에 빠진다. 현실을 받아들이기 어려운 환자는 분노하거나, 단시간에 회복되기 위해 과도한 의욕을 부려 무리를 하기도 한다. 보호자는 환자의 마음을 잘 헤아려 위로해 주고, 환자 상태에 맞는 재활 치료를 받을 수 있도록 지원해 주어야 한다.

재활 치료 전, 꼭 새겨야 할 마음가짐

조급증은 금물

재활 치료의 목표는 일상생활을 다시 시작하는 것이지 조속한 회복이 아니다. 회복 속도에 조급해하면 금방 지치게 된다. 한번 손상된 뇌는 의학적으로는 회복이 불가능하다. 재활 치료는 손상된 뇌 주위의 정상적인 신경세포를 통해 활동을 대신하게 하는 만큼 빠른 회복을 기대할 수 없다. 경우에 따라서는 평생에 걸쳐서 조금씩 치료될 수도 있다. 빨리 회복하고 싶은 욕심에 조바심을 내고 무리하게 운동을 할 경우 회복이 더디거나 합병증을 유발할 수 있다. 재활 치료는 치료 단계를 낮게 잡아 여유를 갖고 시작하도록 한다. 이때 환자 가족들은 환자가 쉽게 좌절하지 않도록 배려한다.

정상이 아닌 생활 적응이 목표

재활 치료를 한다고 해서 뇌졸중이 발병하기 전의 상태로 돌아가기는 어렵다. 간혹 뇌손상이 경미해서 정상에 가까운 예후를 보이기도 하지만 완전히 회복하는 일은 거의 없다. 마비된 신체가 다시 살아나도록 하는 것뿐 아니라 일상생활에 다른 방식으로라도 제대로 적응하는 것, 보조도구를 사용하거나, 생활을 위한 새로운 방식을 적용해보는 것도 재활 치료에 있어 중요하다. 예후에 따라 다르겠지만 장기적으로 꾸준히 치료하면 환자의 약 80퍼센트는 혼자서 옷을 입고 용변을 보는 등의 생활을 할 수 있다. 따라서 점차 삶의 질을 높일 수 있도록 환자 본인은 물론 주위에서도 끊임없이 응원해 주고 지원해 주어야 한다.

열린 마음으로 금전 문제 대비

일정 기간 응급치료가 마무리되면 본격적인 재활이 시작된다. 재활 기간은 어느 누구도 장담할 수 없다. 치료에 들어가는 비용도 알 수 없어 환자와 보호자는 불안감을 떨치기 어렵다. 재활은 꾸준한 치료가 관건인데, 이 시기를 슬기롭게 보내기 위해서는 생계와 치료 비용에 환자 본인이 우선 긍정적인 생각을 갖는 것이 중요하다. 뇌졸중은 누구에게나 닥칠 수 있는 상황이다. 따라서 가족이나 주위에 금전적인 부담을 주는 것에 필요 이상의 죄책감은 갖는 것은 회복뿐 아니라 주변 사람들과의 관계에 도움이 되지 않는다. 환자 본인이나 가족이 부담할 수 있는 경제적인 상한선을 정확하게 산출해보고, 기관이나 복지시설에서 받을 수 있는 도움들을 적극적으로 알아보는 것이 좋다.

우선 동사무소 사회복지과에서 어떤 지원을 받을 수 있는지 상담을 받도록 한다. 그리고 예후 정도에 따라 병원에서 장애진단을 받는 것도 생활에 도움을 준다. 직접적인 금융지원이 아니더라도 사회복지센터에서 데이케어 등의 간병을 지원받는다면 가족 구성원이 간병 문제에 대한 부담을 덜고 안정적인 일상생활을 할 수 있다.

02

재활 치료는 발병 후 3일부터

　뇌졸중 응급 치료가 어느 정도 마무리가 되어 환자가 안정을 찾으면 가능한 빨리 재활 치료를 시작하는 것이 좋다. 의학적으로 48시간 이상 별다른 증상이 없으면 환자가 안정되었다고 생각할 수 있다.

　침상에 가만히 누워만 있으면 몸이 좋아질 리 없다. 뇌 손상으로 인해 이미 기능이 떨어진 신체는 사용하지 않을수록 회복이 더디다. 합병증이 발생할 확률도 높다. 따라서 초기에 응급 치료를 하고 심뇌혈관계가 안정을 찾으면 3일 이내에 재활 치료를 시작하도록 한다.

　재활 치료는 크게 신경 회복과 기능 회복 두 가지로 나눌 수 있다. 신경 회복은 환자마다 차이가 있지만 발병 후 3개월 안에 80~90퍼센트가 회복이 된다. 그 이후에는 대부분 회복 속도가 상당히 느려진다. 신경 회복은 시간이 흘러감에 따라 자연스럽게 이뤄지지만 기능 회복은 그렇지 않다. 환자가 의식적인 재활을 통해서 독립적인 일상생활을 하도록 노력해야 한다.

초기 재활 치료는 관절이 굳어지지 않도록 하는 것에 중점을 둔다. 초기에는 환자가 스스로 움직이지 못하는 경우가 많으니 보호자가 적절한 자세를 유지하도록 도와준다. 또한 마비된 관절은 수동 운동으로 풀어 경직을 막아 주도록 한다. 특히 거동하기 힘든 초기에는 욕창 방지를 위해 1~2시간에 한 번씩 누운 자세를 반드시 바꾸어 준다. 뼈가 튀어나온 곳은 부드러운 수건으로 받쳐주어 상처가 나지 않도록 주의한다.

이 시기에는 환자의 대부분이 중환자실에서 간호를 받는다. 뇌졸중 전문병원이라면 관절이 굳어지는 것을 막는 마사지와 욕창 예방을 위해 원칙을 정하고 치료한다. 보호자는 환자 상태에서 우선적으로 이뤄져야 할 재활 방법, 강도 그리고 순서를 재활 전문의와 의논해 스케줄을 짠다. 또한 보호자는 갑작스런 신체 마비로 낙심하고 분노하는 환자의 마음을 위로하여 재활 의지를 돋우어 주어야 한다.

신체 중 특정한 부분만 장애가 왔다면 특정 장애 회복을 중점적으로 치료하게 된다. 그러나 뇌졸중은 대부분 언어와 운동 등 신체 전반에 장애가 발생하는 경우가 일반적이다. 따라서 재활의학 전문의가 환자 상태를 종합적으로 판단한 후 언어치료사와 운동치료사, 심리치료사와 작업치료사 그리고 사회복지사가 한 팀이 되어 포괄적인 치료를 한다.

사지 재활 치료

뇌졸중을 앓게 되면 흔히 겪는 것이 사지 마비로 인한 운동 장애다. 운동 장애는 마비로 인해 근육이 굳거나 뻣뻣해지는 것뿐 아니고 몸이 균형을 잃거나 둔해지는 것도 포함한다.

걷고 앉고 잡는 것은 살아가는 데 꼭 필요한 활동이기 때문에 체계적인 훈련을 해야 한다. 누워 있는 상태에서 좌우측으로 돌아눕는 훈련부터 앉아서 균형을 잡는 단순 훈련, 그리고 능동치료와 수동치료 등 체계적인 단계를 밟아야 한다. 능동치료는 환자가 스스로 마비된 부위를 지속적으로 자극하고 움직이는 것이다. 손상된 뇌세포는 재생하지 않지만 변화된 환자의 상태에 따라 뇌 회로가 다시 형성되어, 손상 세포 주위의 신경세포가 잃어버린 기능을 대신하게 된다. 따라서 재활 치료를 꾸준히 해야 한다.

수동치료는 환자가 혼자 힘으로 움직일 수 없을 때 운동 신경을 자극하고 근육의 경직을 방지하기 위해 물리치료사가 환자를 대신해 마비된 사지를 움직여 주는 것이다. 관절이 정상적으로 움직일 때의 동선 정도로 부드럽게 움직여 주며, 하루에 2회 이상은 해 주어야 한다. 심장병 등의 합병증을 예방하기 위해서라도 수동치료를 해 주어야 한다. 치료사 대신 보호자가 수동 운동을 할 경우에는 반드시 의사와 물리치료사의 도움을 받도록 한다.

더욱 빠르게 회복하기 위해서는 신경 재활 치료법인 신경-근 촉진법이나 보바스요법(자세 교정 및 교정 훈련)을 혼용한 방법을 많이 쓴다. 우수한 치료 정보를 발 빠르게 아는 것도 필요하지만 개인에게 맞는 치료법을 알고 그에 맞게 치료하는 것이 더욱 중요하다.

손상된 부위가 더디게 회복되거나 아예 쓰지 못하는 경우라면 전문의와 상의해 보조기를 선택한다. 마비가 있는 어깨가 빠지는 것을 예방하는 어깨 보조기나 발목 관절이 굳는 것을 예방하는 발목 보조기 등은 생활하는 데 큰 도움을 준다. 전문의가 보조기를 쓰도록 권했다면 타인의 시선이 다소 부담스럽더라도 보조기를 쓰는 것이 바람직하다.

보행 재활 치료

보행 장애는 전문의가 보행 정도를 평가하고 상태에 맞추어 치료 계획을 세우게 된다. 편마비는 보행이 불편하고 비대칭성으로 인해 엎어지거나 넘어질 위험이 높기 때문에 이에 대한 예방책이 필요하다. 고령의 뇌졸중 환자는 뼈가 약해져 있기 때문에 넘어지면 크게 다치고,

뼈가 잘 붙지 않아 생명에 위협이 되곤 한다.

처음에는 보행기 등의 도구를 이용해 팔로 몸을 지탱한 다음 균형잡기를 시도한다. 균형을 잡고 나면 마비된 다리에 체중을 싣는 훈련을 한다. 다음은 지팡이나 보행기를 이용해 걷는 순으로 조금씩 적응하도록 한다. 환자 상태에 따라 발목의 힘을 보조해 주는 '단하지 보조기'와 같은 맞춤보조기를 선택하기도 한다.

1 서서 중심 잡기

❶ 서서 좌우로 체중을 이동한다.

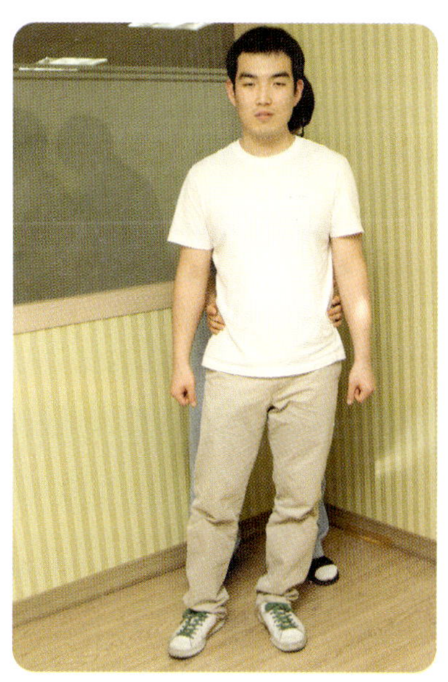

❷ 불편한 다리를 앞에 고정하고 앞뒤로 체중을 이동한다.

❸ 정상인 다리를 앞에 고정하고 앞뒤로 체중을 이동한다.

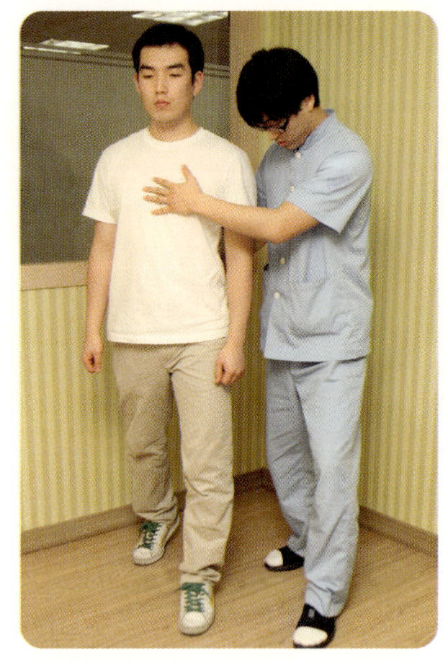

❹ 불편한 다리를 앞에 고정하고 무릎을 폈다 구부렸다를 반복한다.

❺ 불편한 다리를 뒤에 고정하고 무릎을 폈다 구부렸다를 반복한다.

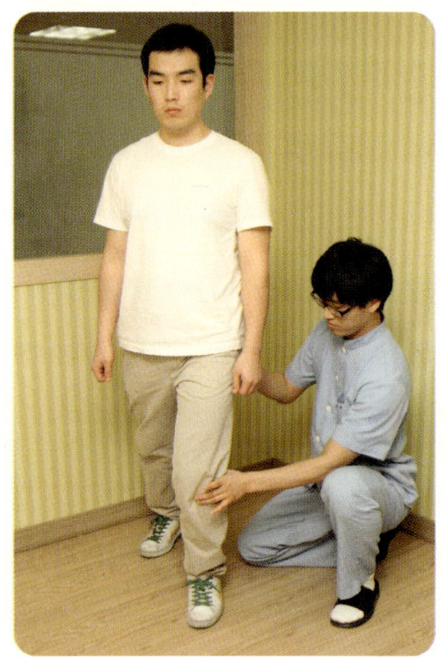

 | 마음까지 돌아보는 재활 치료

② 지팡이로 걷기

정상인 손으로 지팡이를 잡고 지팡이를 내딛는다. 다음으로 불편한 다리를 내딛고 지팡이와 불편한 다리에 체중을 실은 뒤 정상인 다리를 내딛는다. 10분 정도 천천히 걷는다.

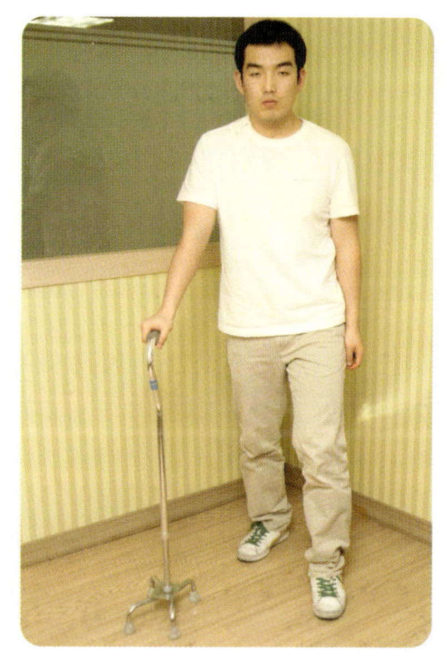

③ 보행기로 걷기

보행기를 한 발짝 정도 밀고 불편한 다리를 내민다. 그 다음 정상인 다리를 내딛는다. 10분 정도 천천히 걷는다.

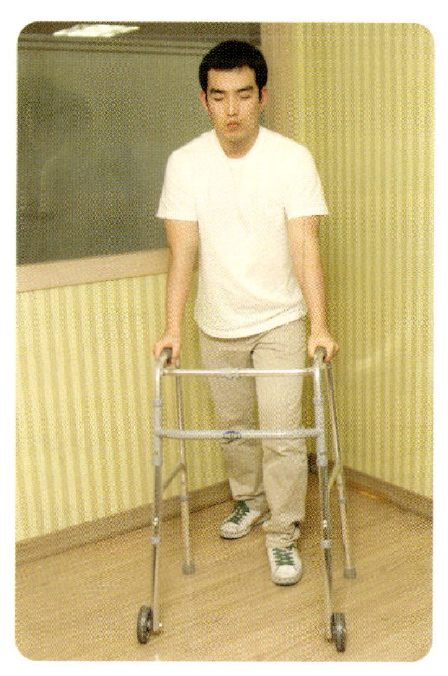

4 계단 오르내리기

올라갈 때는 정상인 다리를 먼저 올린다. 그 다음 불편한 다리를 올린다. 내려올 때는 불편한 다리를 먼저 내리고 다음에 정상인 다리를 내린다.

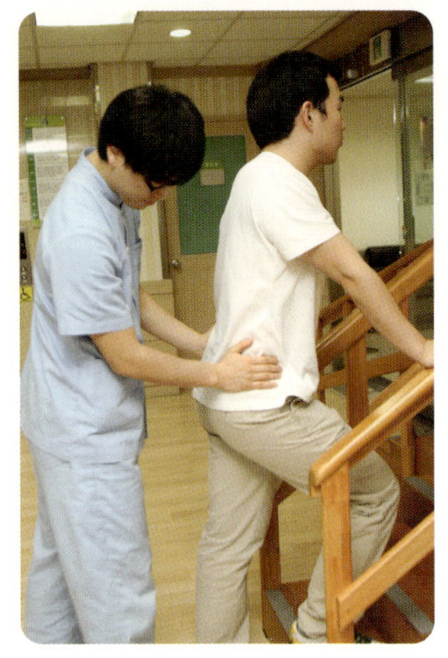

잡기 재활 치료

환자들이 스스로 옷입기와 벗기, 식사, 위생 처리가 가능하도록 하는 것을 주된 과제로 삼는다. 옷은 불편한 팔다리를 먼저 낀 다음 건강한 쪽을 나중에 입는다. 벗을 때는 건강한 쪽을 먼저 벗고 불편한 쪽을 나중에 벗는다. 또한 식기도 손잡이가 두껍게 제작되어 잡기 편한 것을 사용한다. 필기도구를 끼울 수 있는 링반지 등의 보조기를 사용하면 환자 혼자 힘으로 일상생활을 할 수 있다.

집에서 하는 잡기 재활

1 손가락 운동

❶ 손가락을 모았다가 벌리기를 틈날 때마다 반복한다.

❷ 엄지와 나머지 손가락 마주치기를 양손 모두 틈날 때마다 한다.

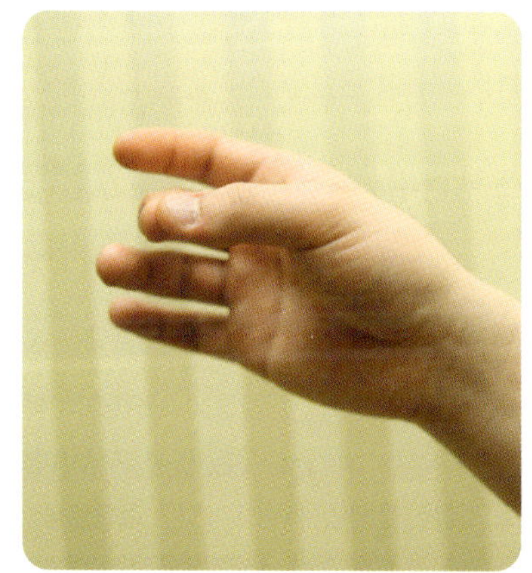

❸ 손가락을 벽에 대고 오르기를 양손 모두 틈날 때마다 한다.

❹ 주먹쥐기를 양손 모두 틈날 때마다 한다.

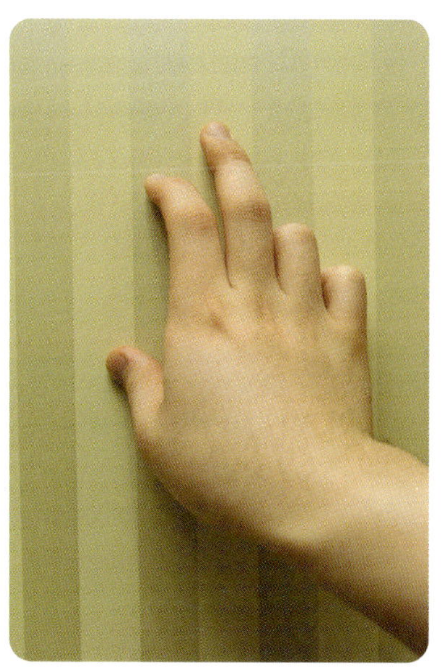

② 어깨 운동

① 누워서 팔 올리기를 양팔을 번갈아 가면서 천천히 10회 정도 한다.

② 가슴벌리기를 천천히 10회 정도 한다.

③ 손가락 깍지를 끼고 천천히 팔 올리기를 10회 정도 한다.

④ 등 뒤로 한 팔씩 천천히 올리기를 10회 정도 한다.

⑤ 수건을 양손에 잡고 가슴부터 머리 뒤를 넘기는 것을 천천히 10회 정도 한다.

⑥ 수건 한쪽을 등쪽 어깨 위에서 잡고 수건 다른 끝은 대각선 등쪽 허리에서 잡는다. 어깨 쪽에서 잡아 당기기를 천천히 10회 정도 한다.

04

먹기 재활 치료

뇌졸중 환자의 삼 분의 일, 많을 때는 이 분의 일이 삼킴장애(연하장애)가 생긴다. 음식을 삼키기가 어려우면 자연히 영양이 부족하고 회복도 느려진다. 삼킴곤란 증상이 생기는 것은 구강 근육이 마비되었기 때문인데 이 경우 씹는 것은 물론 삼키는 것도 어렵다. 자칫 잘못해 기도로 음식물이 들어가면 폐렴 등의 합병증을 유발할 수 있다. 특히 폐렴은 뇌졸중 후 사망 원인의 삼 분의 일을 차지할 정도로 위험하다.

기도로 음식이 넘어갈 가능성이 있다면 연하 기능에 문제가 있는지를 세심히 평가하는 비디오 투시 검사를 하기도 한다.

먹기 재활은 안전하게 삼키는 방법을 익히고 회복 정도에 따라 음식물의 점도를 조절하는 데 중점을 둔다. 그러므로 전문병원에서는 환자의 삼킴 상태에 따른 특별한 식단을 제공한다. 입원을 하고 있는 동안 영양사의 도움을 받아 연습하는 것도 좋다. 환자 상태에 따라 위루관이나 위식도관을 삽입하기도 한다. 최근에는 삼키는 능력이 있는 근육에 전기 자극을 가하는 치료 방법이 시도되고 있다.

삼킴장애의 증상

- 음식을 먹다가 사레가 생겨 기침을 하거나 숨이 막힌다.
- 식사 후 쉰 목소리나 가래 끓는 소리가 난다.
- 음식을 한참 입에 물고 있다 삼킨다.
- 음식이 목에 남아 있는 것 같다.
- 음식이 코로 넘어오며 침을 흘린다.

집에서 하는 먹기 재활

1 거울 보고 입술 운동

❶ 입술을 닫은 채로 치아를 벌렸다 닫기를 천천히 5~6회 반복한다.

❷ 뽀뽀할 때처럼 입술을 오므려 내밀고 제자리로 돌아오기를 천천히 5~6회 반복한다.

❸ 미소 지을 때처럼 입술 양쪽을 길게 넓혔다가 제자리로 돌아오기를 천천히 5~6회 반복한다.

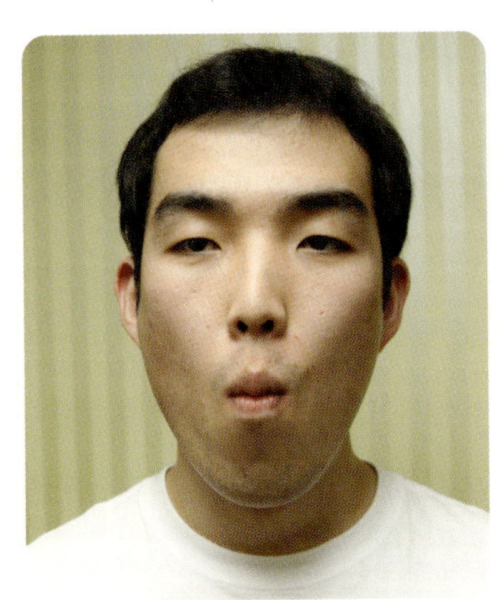

❹ 입술을 꼭 닫고 맞대어 힘주기
를 천천히 5∼6회 반복한다.

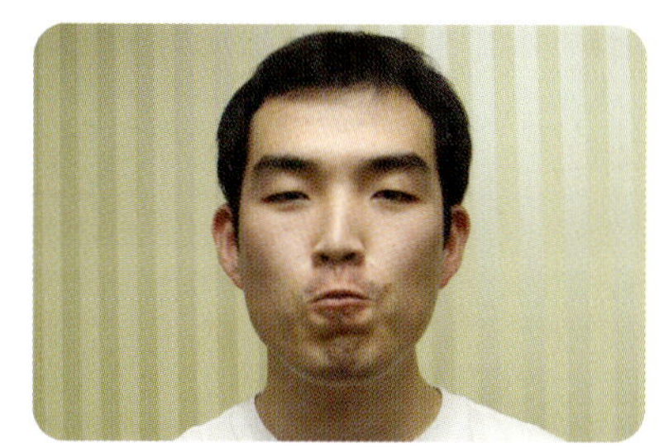

② 거울 보고 혀 운동

❶ 혀를 좌우로 천천히 움직인다.
5∼6회 반복한다.

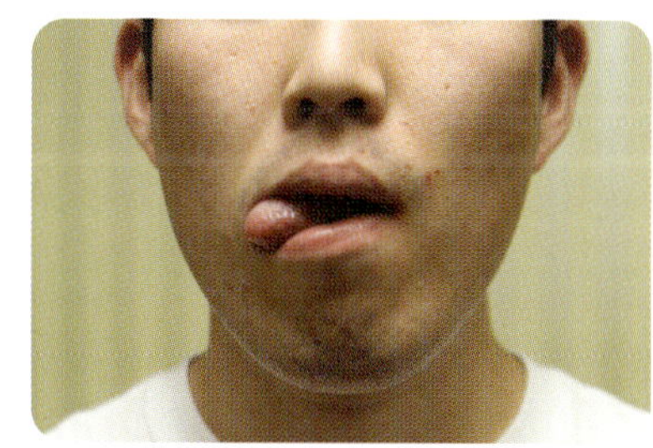

❷ 혀를 내밀어 최대한 턱 가까이
천천히 갖다 댄다. 5∼6회 반복한다.

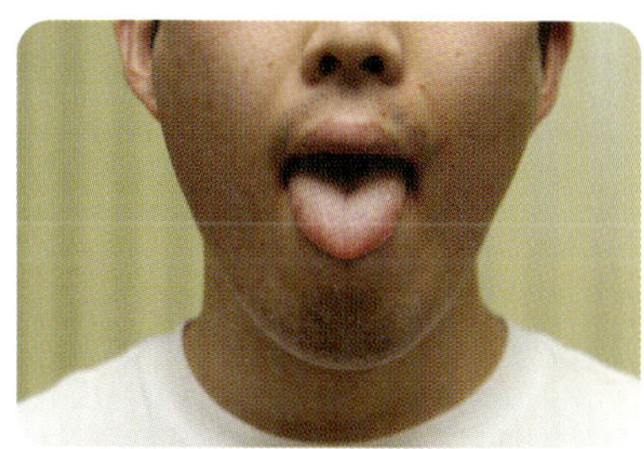

❸ 혀를 내밀어 최대한 코 가까이
갖다 대기를 천천히 5∼6회 반복
한다.

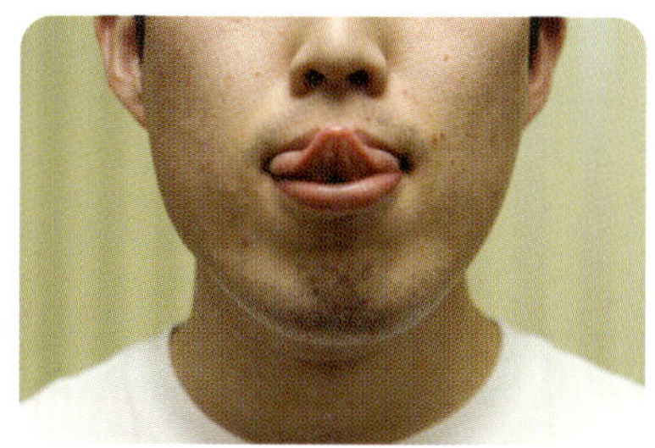

❹ 혀를 내밀어 위아래 입술과 좌우 구석을 반드시 닿도록 입술 주위에 원을 그린다. 가능한 빨리 돌린다. 5~6회 반복한다.

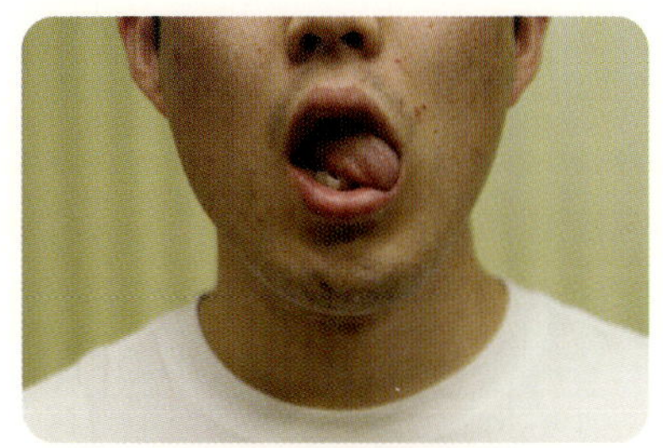

❺ 혀를 내민 후 숟가락을 혀끝에서 살짝 민다. 숟가락의 미는 힘을 이기도록 혀를 더 길게 내민다. 천천히 5~6회 반복한다.

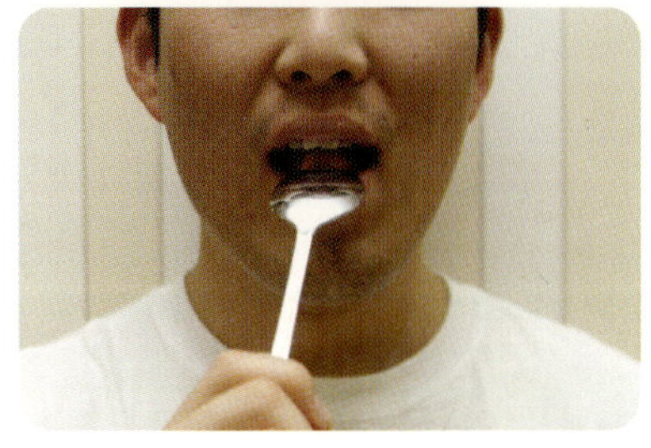

❻ "음마, 음마, 음마"를 빠르게 10회 정도 반복한다. '음'과 '마'를 정확히 발음하도록 노력한다.

❼ "라, 라, 라, 라"와 "카, 카, 카, 카", "칼라, 칼라, 칼라, 칼라"를 빠르게 10회 정도 반복한다.

05

말하기 재활 치료

　언어장애는 발성기관이 마비되어 생기는 경우와 뇌에서 언어를 담당하는 중추가 손상되어 생기는 장애로 나눌 수 있다.

　언어 중추가 손상되면 언어를 이해하거나 표현하는 것이 힘들다. 그렇다고 기억력을 상실하거나 사고력에 문제가 생긴 것은 아니다. 말이 어눌해지고 남의 말을 잘 알아듣지 못하는 것을 정신 이상으로 오해하지 않도록 주의해야 한다.

　발성기관이 마비되면 말하기에만 문제가 있다. 따라서 글을 읽고 이해하는 데는 전혀 문제가 없다. 성대나 후두 근육을 자꾸 사용해 운동신경을 자극하는 것이 좋다. 주변에서는 아이에게 말을 가르치듯 천천히 반복하게 한다. 이때 환자가 심리적인 부담감이나 모욕감을 느끼지 않도록 주변 사람들이 주의해야 한다. 발성 기관은 운동 기능에 비해 회복이 늦다. 따라서 조바심은 금물이다.

　전문적인 언어 치료에는 반복적으로 청각을 자극하여 언어기능의 회복을 돕는 자극법과 언어이해가 가능한 환자에게 멜로디를 통해 언어 기능을 높이는 MIT(Melodic Intonation Therapy) 기법이 있다. 그리고 말이 아닌 몸짓을 통해 대화를 습득시킬 수 있도록 그림을 통한 제스처 표현을 훈련하는 VAT(Visual Action Therapy) 기법도 효과적이다. 이외 의사소통 효율촉진법, 음소자극법, 미완성형 문장 완결하기, 반의어·동의어를 이용한 자극기법 등이 있다.

집에서 하는 말하기 재활

1 얼굴 마사지와 운동

❶ 보호자가 한 손으로 환자의 뒷목을 받쳐주고, 다른 한 손으로 뺨을 쓸어 올려준다. 양쪽 뺨을 번갈아 10회씩 한다.

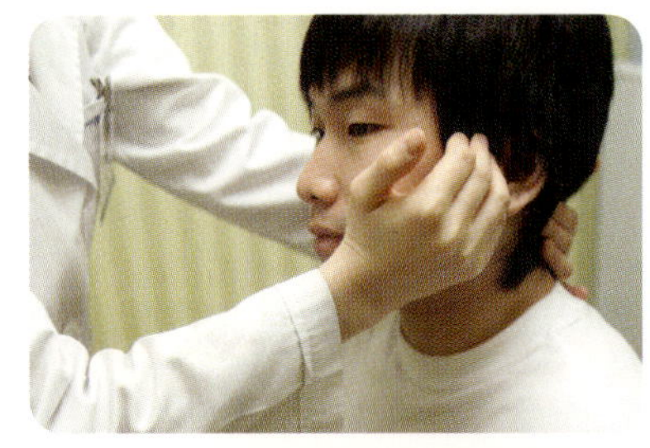

❷ 보호자가 엄지와 검지 손가락으로 V자를 만들어 턱 아래에서 입술쪽으로 올려준다. 10회 정도 한다.

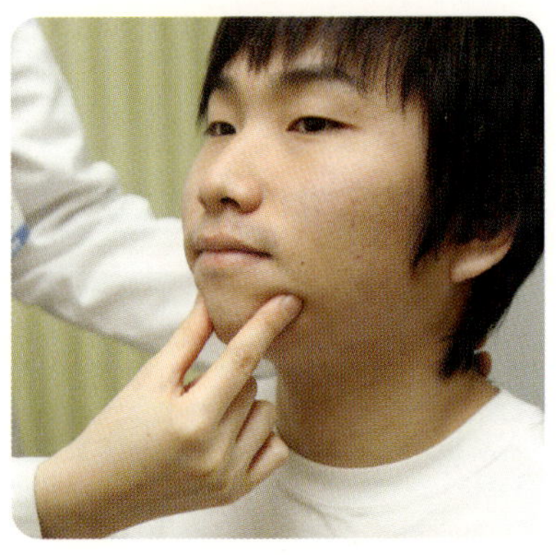

❸ 보호자의 소리를 듣거나 입모양을 보게 한 후, 환자 스스로 거울을 보며 따라 한다.

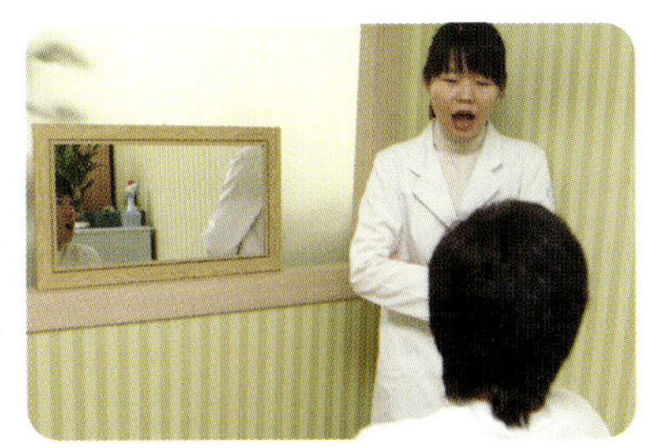

② 읽기 운동

❶ 낱말카드를 보고 대답한다.

❷ 낱말카드와 동사카드를 맞추어 가며 읽는다.

❸ 낱말, 문구, 문장, 이야기 순으로 점차 수위를 높여 간다.

③ 쓰기 운동

❶ 따라 그리기   ❷ 따라 쓰기   ❸ 받아쓰기

감각 재활 치료

뇌졸중으로 감각에 마비가 생기면 통증이나 온도에 대한 자각이 떨어져 사고를 당할 위험이 높다. 운동 치료를 할 때도 감각이 없어 무리하게 움직이다가 관절염을 초래하기도 한다. 또한 뜨거운지 차가운지 감지할 수 없어서 목욕물에 데기도 한다. 겨울에는 동상에 걸리기도 한다.

뜨거운 물건을 잡을 때는 정상인 손을 사용한다. 또한 집안을 환하게 해 사고를 당하지 않도록 해야 한다. 한 손으로도 칼질을 할 수 있도록 음식물을 고정해 주는 도마와 같은 보조 도구를 적절히 사용하는 것도 좋다.

감각 재활 치료는 감각의 자극을 바르게 해석하는 능력을 키워주고 둔감한 부분을 활성화시켜 주는 감각 자극 치료를 주로 한다. 감각 자극 치료는 진동, 이동, 압력 등을 여러 가지 재질을 활용하여 단계를 점차 높여간다. 처음에 정상 쪽을 자극하다가 점차 불편한 쪽으로 옮겨 간다. 어느 정도 익숙해 지면 다음에는 눈을 가리고 한다.

감각이 마비된 후 일정 시간이 지나면 마비 부위에 이상 감각이나 통증이 발생하기도 한다. 이를 과도 감각증이라 하는데 특별한 자극이 없어도 아프거나 저리는 증상이 나타난다. 단순히 심리적인 원인이라고 치부하지 말고 이상 감각이 있다는 것을 주위에서 이해해 주어야 한다. 감각이 예민한 곳을 만질 경우에는 미리 만진다고 말해서 환자가 놀라지 않게 한다.

감각이 예민한 부분을 마사지하거나 두드려줄 때는 부드러운 재질로 시작하여 점차 거친 재질로 바꿔 강도와 빈도를 높이도록 한다. 환자의 상태에 따라 통증을 완화시키는 물리치료나 수술로 치료할 수도 있다. 하지만 시간이 지나면 대부분은 조금씩 저절로 완화가 된다.

손끝이나 발끝과 같은 말초 감각의 신경을 자극하는 재활 치료를 할 경우 전문의와 상의하도록 한다.

집에서 하는 감각 재활

1 감각 자극 치료

사용도구 | 수건, 솜, 마사지 기구, 수세미, 콩 주머니 등

❶ 부드러운 수건이나 솜을 이용하여 불편한 쪽을 문질러 준다. 하루에 세 차례 10~15분 정도 한다.

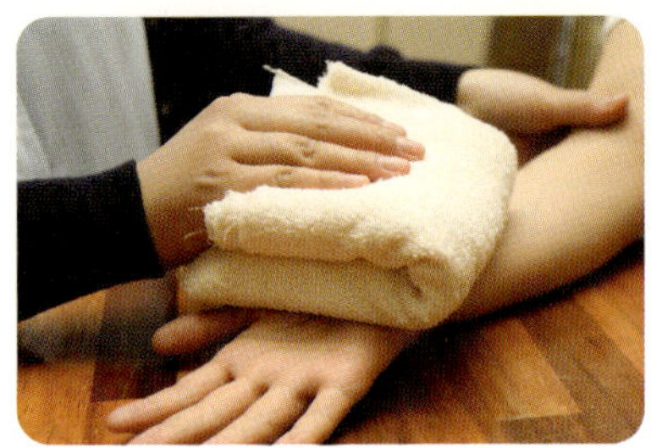

❷ 마사지 기구를 이용해 불편한 쪽을 천천히 두드려 준다. 하루에 세 차례 10~15분 정도 한다.

❸ 수세미 같은 거친 면을 이용해 불편한 쪽을 문질러 준다. 하루에 세 차례 10~15분 정도 한다.

❹ 콩을 반 정도 채운 주머니 안에 불편한 쪽을 집어 넣어 10~15분 정도 콩을 반죽하듯 주무른다. 다음에는 정상적인 쪽을 사용하여 불편한 쪽을 콩으로 마사지한다. 하루에 세 차례 정도 한다

② 과도 감각증 치료

사용 도구 | 부드러운 스펀지 공, 마사지 기구, 여러 재질의 천, 수세미 등

❶ 부드러운 재질로 만든 공을 이
용해 감각에 이상이 있는 부위를
천천히 문지른다. 하루에 세 차례
10~15분 정도 한다.

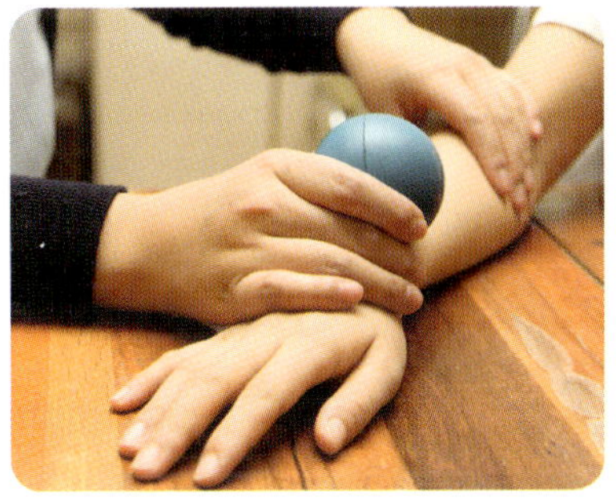

❷ 조금 거친 천을 준비해 감각에 이상이 있는 부위를 천천히 문지른다. 하루
에 세 차례 10~15분 정도 한다.

❸ 수세미 같은 거친 면을 이용하여 감각에 이상이 있는 부위를 천천히 문지
른다. 하루에 세 차례 10~15분 정도 한다.

인지 재활 치료

인지 재활 치료는 지각기능 회복과 인지기능 회복으로 나눌 수 있다. 지각기능은 환경에 적응하는 능력이다. 지각기능에 장애가 생기면 사물을 제대로 인식하지 못하게 되면서 자발성이 떨어진다. 인지기능은 보거나 듣고 추상적인 개념을 이해하고 판단, 결정을 내리는 능력이다. 장애가 생기면 집중력, 통찰력, 계산능력, 기획능력, 시공간을 파악하는 능력 등에 문제가 생긴다.

뇌 손상이 반복되면 합병증으로 치매가 생기기도 한다. 그러나 인지 장애 자체가 치매는 아니다. 환자의 감정을 해치는 발언이나 행동은 삼가야 한다.

인지 장애는 치매와 같은 뇌 전반의 장애와는 다르다. 따라서 치료를 받으면 다른 뇌신경이 자극이 되어 손상된 조직의 기능을 대신할 수도 있다. 따라서 쉽게 포기하거나 절망하지 말고 치료를 받도록 하자.

인지 재활 치료는 자신의 신체와 신체 부분의 관련성을 지각하고,

오른쪽 왼쪽을 구별하고 사물을 인식하는 등의 지각 훈련과 현재 환경에 대한 관계를 이해하는 능력인 지남력 그리고 집중력, 기억력, 문제 해결 능력을 높이는 인지 훈련을 주로 한다.

의사나 치료사와 상담해 다양한 인지 재활 치료 중 환자에게 맞는 방법을 결정한다. 또한 의사와 상담해 치료 강도도 조절한다. 집에서도 인지 재활 치료를 위한 훈련을 간단하게 할 수 있다.

집에서 하는 인지 재활

1 신체 관련성을 인식하는 운동

❶ 종이에 사람 그림을 그린다.

❷ 환자의 신체 중 특정 부위를 지적하게 한다.

❸ 신체 부분을 짜맞추는 퍼즐을 한다.

2 오른쪽 왼쪽 구별 운동

❶ 사물을 책상 위에 올려놓고 오른쪽, 왼쪽에 있는 물건의 이름을 말하게 하거나 가리키도록 한다.

❷ 오른쪽 왼쪽 신체의 특정 부위를 가리키게 한다.
예) "왼손으로 오른쪽 귀를 잡아보세요."

③ 마비 측 인식 운동

❶ 고개를 불편한 쪽으로 돌리도록 불편한 쪽에서 환자에게 말을 건다.

❷ 환자는 불편한 쪽에서 벌어지는 상황에 대한 인식이 떨어진다. 따라서 시계를 그리게 하면 시계의 시간을 일정한 간격에 맞춰 그리지 않고 몸이 정상인 쪽 원둘레에 몰아서 그린다. 의식적으로 정상적인 시계를 그리도록 한 후 특정 시간을 말해서 시계 바늘을 그리게 한다.

④ 실인증(失認症) 운동

지능이나 감각에 이상이 없어도 사물이나 상황을 알지 못하는 것이 실인증이다.

❶ 환자 앞에 빗을 놓아두고 무엇인지 물어본다. 모를 경우에는 알려 주고 환자에게 다시 물어본다.

❷ 일상생활에서 자주 사용하는 도구를 활용한다.

⑤ 실행증(失行症) 운동

운동이나 감각기능에는 이상이 없고 이해력도 있으나 특정 행동을 하지 못하는 것이 실행증이다.

❶ 환자에게 빗을 주고 쓰임에 맞게 사용하도록 한다. 모를 경우 사용 방법을 알려주고 다시 물어본다.

❷ 일상생활에서 자주 사용하는 도구를 활용한다.

⑥ 지남력 운동

환자에게 나이, 생일, 직업, 가족 이름, 나라 이름, 주소, 병원 위치, 날짜, 요일, 시간, 계절 등을 물어본다. 모르면 알려주어 인식하게 한다. 종이에 써서 반복 학습을 한다.

⑦ 집중력 운동

❶ 종이에 숫자를 적고 특정 숫자를 찾게 한다.

❷ 여러 색의 블록 중에서 한 가지 색을 고르게 한다.

❸ 신문을 읽게 한다. 처음에는 짧게 읽다가 시간을 점차 늘려간다.

⑧ 기억력 운동

❶ 세 장 정도의 카드를 순서대로 보여 준다. 암기 후 카드를 순서대로 정렬하게 한다.

❷ 퍼즐을 일정 시간 동안 보여 주고 맞추게 한다.

❸ 그날 있었던 일을 일기 형식으로 쓰게 한다.

⑨ 문제 해결 운동

❶ 일정량의 돈으로 시장을 보게 한다.

❷ 일일 가계부를 작성하게 한다.　　❸ 일주일 생활 계획을 세우게 한다.

뇌 신경 활성을 위한 신경 재활 치료

한 번 손상된 뇌신경은 재생되지 않는다. 그렇다고 재활 치료 자체가 의미 없는 것은 아니다. 자극을 통해 손상 부위 주변의 뇌신경을 활성화해 주면, 주변 신경이 활성화되어 손상된 부분이 담당했던 기능을 대신하게 된다. 또한 지속적으로 자극을 가해야 퇴행하지 않는다. 이와 같은 원리를 이용한 것이 신경 재활 치료다. 정상인 팔다리를 고정하고 마비된 팔다리를 최대한 사용해 대뇌피질을 재조직하는 방법도 신경 재활 치료다.

신경 재활 치료의 포괄적인 목적은 운동 치료, 작업 치료, 감각 치료 등의 다양한 기능 치료 프로그램을 신경 재활 치료와 적절히 접목시켜 최대한 많은 기능을 회복하도록 하는 것이다.

신경 재활 치료를 할 때는 전문가의 도움을 받도록 한다. 전문가의 처방 없이 운동을 할 경우 뇌에 잘못된 운동 패턴이 고정되어 오히려 상태를 악화시킬 수도 있기 때문이다. 반드시 운동 처방을 받은 뒤 전문 과정을 이수한 치료사에게 치료와 도움을 받도록 한다. 집에서는 환자의 뇌 상태에 따라 강도를 조절하여, 뇌의 기능을 높이는 운동을 숭점적으로 한다.

신경 재활 치료는 보바스, 고유 수용성 신경–근 촉진법이 대표적이다. 보바스는 자세 및 기능 장애가 있는 경우 동작에 영향을 미치는 신체의 조절 부위를 치료사가 적절한 강도로 자극하여 생리적 스트레스를 발생시키는 방법이다. 고유 수용성 신경–근 촉진법은 신체의 고유 수용기를 자극해서 신경–근 회복을 유도하는 방법이다.

대부분의 환자가 뇌졸중 발병 후에 의존적인 성향을 보이며 스스로 할 수 있는 활동도 보호자에게 미루는 경우가 많다. 보호자도 안쓰러운 마음에 환자의 요구사항을 다 들어주기도 한다. 그러나 이런 행동은 환자의 활동을 위축시켜 신경 재활 치료를 더디게 하므로 주의가 필요하다.

② 집에서 하는 신경 재활

① 누워서 하는 운동

❶ 팔을 바닥에 두고 누워서 무릎을 세우고 엉덩이를 든다. 10초 정도 유지한 후 내린다.

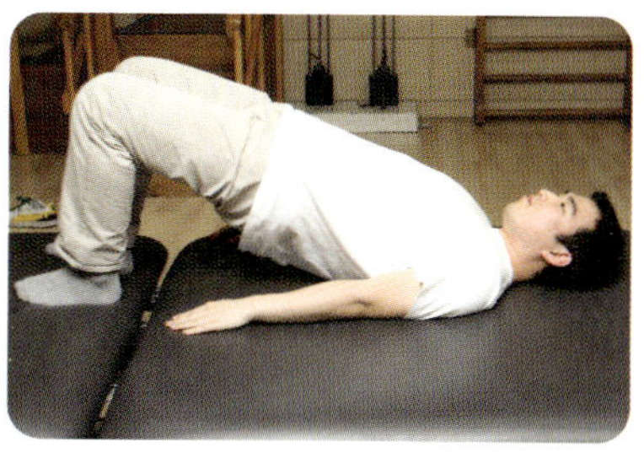

❷ 한쪽 다리를 든다. 10초 정도
유지한 후 내린다.

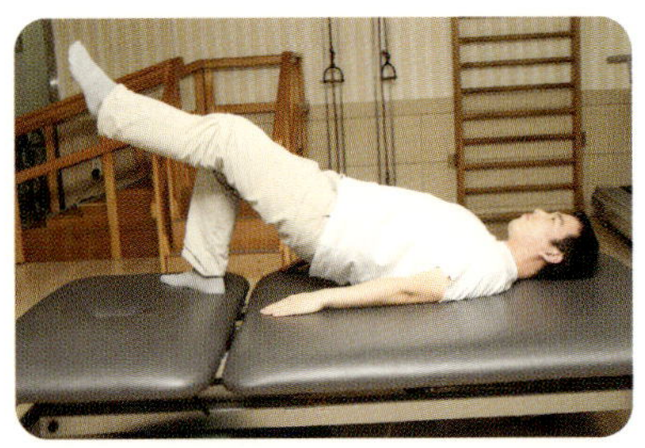

❸ 공 위에 앉아 처음에는 양팔을 어깨 높이만큼 올려서 균형을 유지하다가
팔을 가슴에 모은다. 이 상태로 10초 정도 유지한 후 내린다.

❹ 공을 등과 허리 사이에 두고 눕는다. 평형이 유지되면 한쪽 다리를 든다.
10초 정도 유지한 후 내린다.

❺ 공을 목과 등 아래에 두고 한쪽 다리를 든다. 10초 정도 유지한 후 내린다.

② 엎드려서 하는 운동

❶ 손가락으로 지탱하면서 엎드린다. 10초 정도 유지한다.
❷ 한쪽 다리를 든다. 10초 정도 유지한 후 내린다.
❸ 공 위에 엎드린다. 10초 정도 유지한다.
❹ 공을 배에 깔고 엎드려서 한쪽 다리를 든다. 10초 정도 유지한 후 내린다.
❺ 공을 가슴 아래에 깔고 한쪽 다리를 든다. 10초 정도 유지한 후 내린다.

❻ 엎드려서 양팔을 깍지 끼고 위로 든다. 10초 정도 유지한 후 내린다.

❼ 엎드려서 다리를 번갈아서 위로 든다. 10초 정도 유지한 후 내린다.

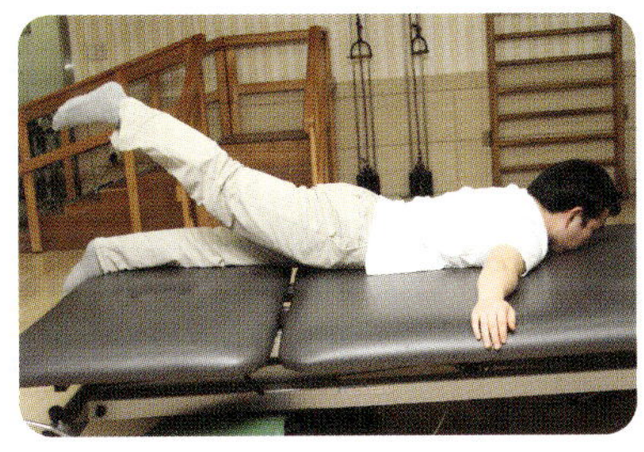

❽ 엎드려서 반대쪽 팔다리를 번갈아든다. 10초 정도 유지한 후 내린다.

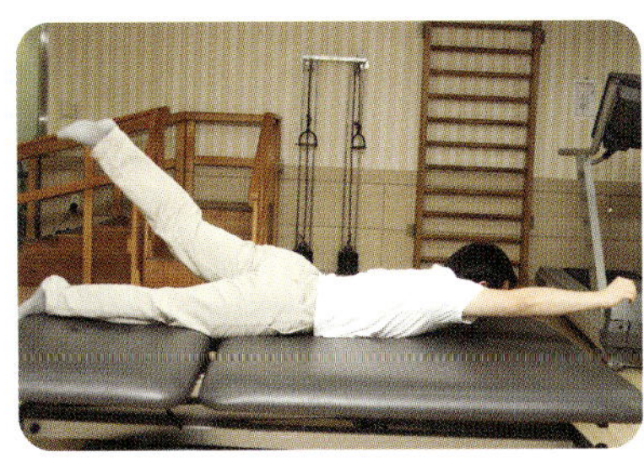

❾ 네 발 자세를 하고 팔, 다리 반대쪽을 번갈아든다. 이 동작을 처음에는 눈을 뜨고 하다가 나중에는 눈을 감고 한다. 10초 정도 유지한 후 내린다. 손바닥보다는 다섯손가락을 짚는 것이 좋다.

3 측면 운동

❶ 팔꿈치를 바닥에 대고 옆으로 누워서 엉덩이를 든다. 10초 정도 유지한 후 내린다. 이 동작을 10회 정도 반복한다.

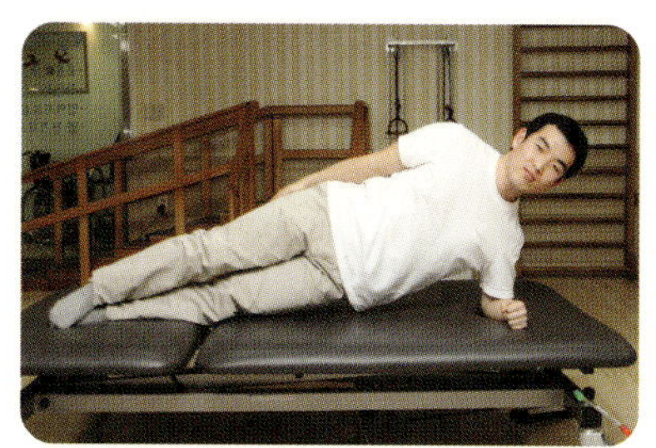

❷ 불편한 쪽이 위로 향하게 옆으로 누운 후 공을 팔꿈치 아래에 낀다.

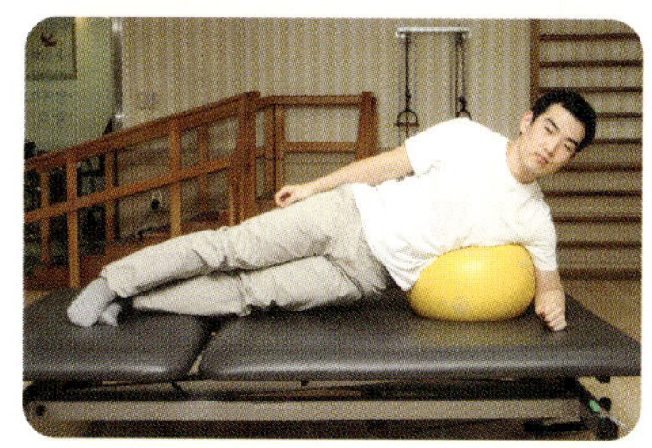

❸ ❷의 자세에서 불편한 쪽 다리를 든다. 10초 정도 유지한 후 내린다. 이 동작을 10회 정도 반복한다.

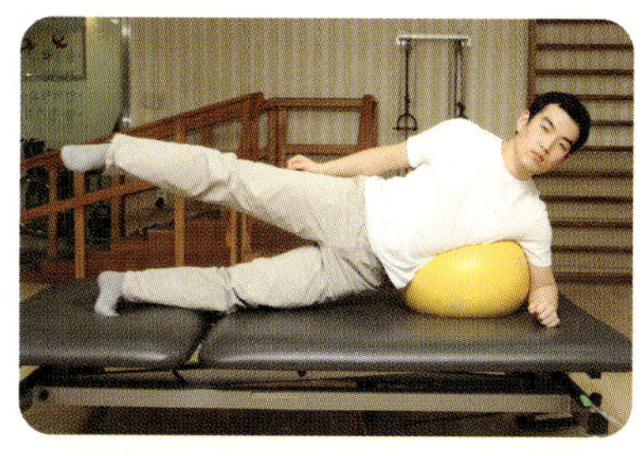

❹ 공을 발목 아래에 두고 사진과 같은 자세를 한다. 10초 정도 유지한 후 다리를 내린다. 10회 정도 반복한다.

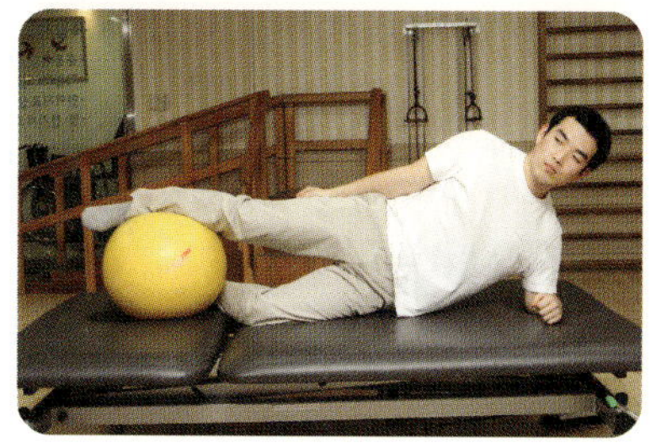

④ 고유 수용체를 자극하는 평형 운동

고유 수용체는 우리 몸의 중심을 잡거나 자세를 기억하는 세포를 일컫는다.

❶ 한쪽 다리를 든다. 10초 정도 유지한 후 내린다. 이 동작을 10회 정도 반복한다.

❷ 한쪽 다리를 들고 눈을 감는다. 10초 정도 유지한 후 내린다. 10회 정도 한다.

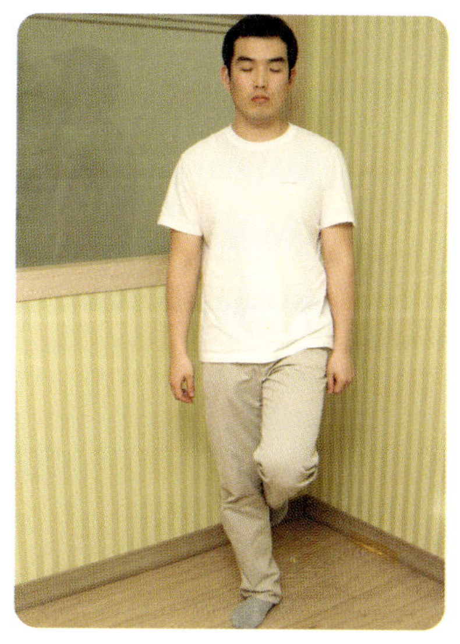

⑤ 일자로 걷기

❶ 시선을 아래로 하고 앞쪽 발의 뒷면과 뒷발의 앞면이 서로 닿도록 천천히 걷는다. 앞으로도 걷고 뒤로도 걷는다.

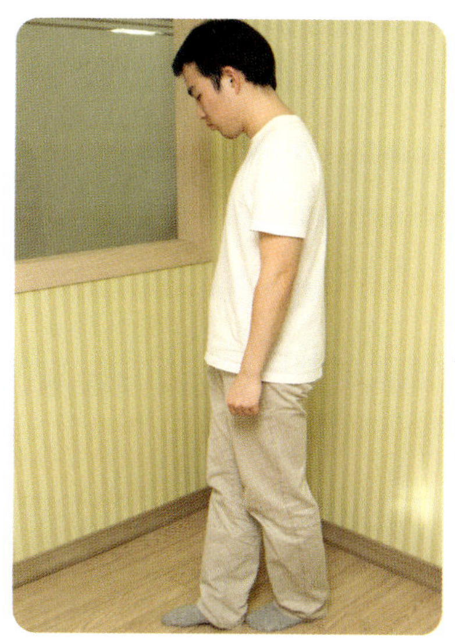

❷ 시선을 위로 하고 ❶의 동작을
한다.

❸ 눈을 감고 ❶의 동작을 한다.

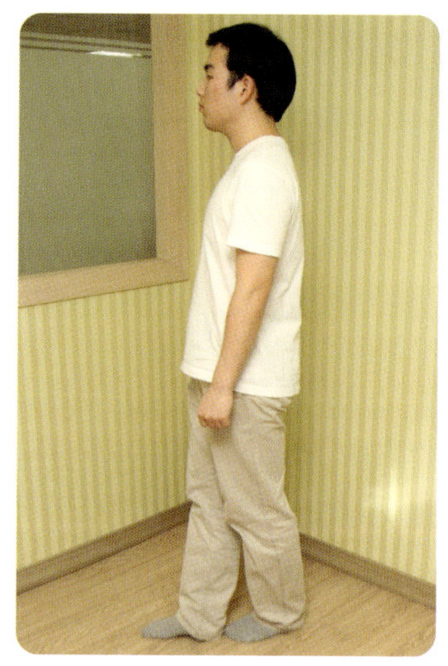

⑥ 회전의자를 이용한 뇌의 자극

❶ 회전의자에 앉아 손잡이를 잡고 왼쪽으로 돈다. 10회 한다.
❷ 회전의자에 앉아 손잡이를 잡고 오른쪽으로 돈다. 10회 한다.
❸ 의자 없이 서서 도는 방법도 같은 효과가 있다.

⑦ 평형기관과 눈의 움직임을 이용한 뇌의 자극

❶ 엄지손가락을 쳐다보면서 머리
를 좌우로 움직인다. 10회 정도 한다.

❷ 엄지손가락을 쳐다보면서 머리
를 위아래로 움직인다. 10회 정도
한다.

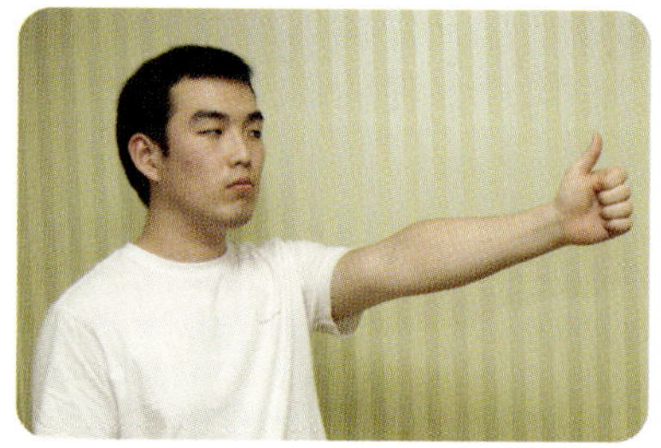

8 교차 패턴 운동

배를 바닥에 대고 긴다.

9 발근육을 강화하는 운동

① 의자에 앉아서 발로 골프공이나 테니스공을 굴린다.
② 의자에 앉아서 구슬이나 수건을 발가락으로 집어 올린다.
③ 의자에 앉아서 발가락으로 가위 바위 보를 한다.

09

재활하기 참 좋은 집

응급한 뇌졸중 치료를 마친 후에는 일정 기간 입원해서 자신의 상태에 적응하는 기간을 갖도록 한다. 퇴원 후에는 통원 치료를 받는데, 질병에 따른 문제를 최소화할 수 있던 병원 환경에 익숙해 있다가 집에 가면 여러 가지 불편한 것이 많다.

집 구조나 가구 위치를 조금만 바꾸어도 환자의 불편함을 상당 부분 덜어줄 수 있다. 퇴원 전에 집 안을 손본다면 환자에게 감동을 주고 재활 의지도 높여줄 수 있을 것이다.

환자가 집 안에서 활동하는 것은 그 자체만으로도 재활 치료가 된다. 그리고 긴 시간과 많은 부분을 돌보아야 하는 보호자의 힘을 덜 수 있다.

집 안에 있는 문턱을 모두 없앤다

문턱이 있으면 보행이 불안전한 환자가 넘어지기 쉽다. 이 때문에 환자의 운동 의욕이 떨어지기도 한다.

거실은 단순하게 꾸민다

여러 사람이 같이 사용하는 공동 공간에는 꼭 필요한 가구만 놓아 보행하는 데 환자가 불편함이 없도록 한다. 자잘한 물건들도 치워서 환자가 물건에 걸려 넘어지지 않도록 한다.

환자의 상태에 따라 거실 전체에 카펫이나 매트를 까는 것이 좋다. 카펫이나 매트는 충격을 완화해 준다. 그러나 편마비가 된 한쪽 다리를 끌면서 걸어야 하는 환자라면 오히려 장애물이 되기도 한다.

방안에 가구가 있으면 환자가 걷거나 휠체어로 다니기에 불편하다. 가구는 치우는 것이 좋다. 다리 한쪽에 마비가 있으면 바닥에 앉기 힘들기 때문에 소파나 침대를 이용해 앉도록 한다.

출입구·변기·욕조에는 손잡이를 설치한다

몸을 굽히고 펼 상황이 자주 있는 공간은 손잡이를 설치한다. 환자의 활동성을 높일 뿐 아니라 보호자도 힘을 한결 덜 수 있다.

센서로 작동되는 조명을 설치한다

환자가 혼자서도 쉽게 조명을 끄고 켤 수 있도록 리모컨으로 불을 켜고 끌 수 있는 조명을 설치한다. 혹은 센서로 작동되는 조명을 설치해 환자가 편하게 이동할 수 있도록 한다.

옷걸이를 낮춘다

편마비로 균형감이 떨어진 환자는 높은 곳으로 손을 뻗기가 힘들다. 옷걸이를 낮춰 환자가 스스로 옷을 걸 수 있도록 한다.

욕실에 미끄럼방지 매트를 부착한다

욕실에 물기가 남아 있다면 정상인도 미끄러질 위험이 있다. 미끄럼방지 매트를 설치하고 적절히 통풍을 시켜 습기 조절을 해 준다.

부엌 수납 공간의 접근도를 높혀라

환자가 혼자 있을 때라도 냉장고나 저장고에 쉽게 갈 수 있도록 주변에 장애물이 될 만한 가구나 물건을 치워둔다. 냉장고에 음식을 둘 때도 환자가 쉽게 꺼낼 수 있는 위치에 둔다. 어깨와 허리 정도가 좋다.

🔖 환자의 방은 마비측으로 돌아가게 가구를 배치한다

신체의 오른쪽에 마비가 온 경우라면 그림의 침대처럼 문쪽으로 마비 부분이 향하도록 해서 의식적으로 자극을 계속 준다. 침대에서 일어날 때는 마비 부분으로 몸을 돌린 후 정상쪽 팔로 침대가를 잡은 다음 마비된 다리와 정상 다리를 차례로 내리면 된다. 텔레비전이나 스탠드, 전화 등도 마비 측에 두어 마비된 부분을 자꾸 움직이도록 한다. 단 비상벨은 정상 쪽에 부착해서 응급 상황이 발생했을 때 빨리 도움을 청할 수 있도록 한다.

생활하다 보면 마비된 부위가 불편해서 정상인 쪽을 계속 사용하게 된다. 그러면 불편한 부위가 점차 굳어져 활동성이 떨어지게 된다. 환자가 일상생활 중에 불편한 쪽을 의식해서 사용할 수 있도록 한다. 환자 방은 마비측으로 돌아가게 가구를 배치한다.

꼭 기억해야 하는 뇌졸중 간호

올바른 침상 자세

불편한 쪽 발바닥을 발받침대에 되도록 똑바로 붙인다. 무릎 밑에 쿠션을 댄다. 불편한 팔은 몸에서 조금 떨어뜨려 보조 베개 위에 올린다.

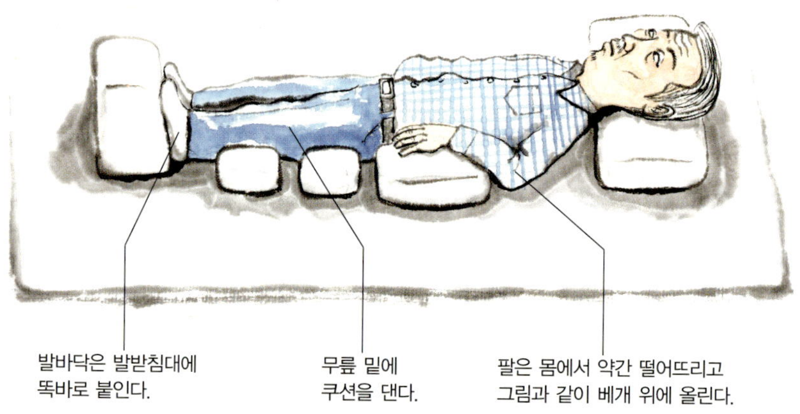

🔋 회복을 앞당기는 영양 관리

뇌졸중을 앓고 있는 많은 환자는 구강 근육과 팔이 마비되어 식사를 원활하게 하기 어렵다. 삼킴곤란(연하장애)이 있으면 영양실조로 이어지기도 하기 때문에 각별한 주의가 필요하다.

미국 오클라호마 VA 의료센터의 연구팀 조사에 의하면 병원에 입원한 뇌졸중 환자들이 뇌졸중을 앓은 후 4주 안에 최소 2.5퍼센트의 체중이 감소하였다. 환자를 대상으로 영양 공급에 차별을 둔 결과 일반 영양 보충식을 했던 뇌졸중 환자보다 고강도 보충식을 했던 환자가 운동 기능도 향상되고 예후도 훨씬 좋았다. 또한 일정 기간 후 일반 영양 보충식을 한 환자는 약 43퍼센트가, 고강도 보충식을 했던 환자는 63퍼센트가 가정으로 돌아간 것으로 조사되었다.

이처럼 영양 관리를 잘 하면 뇌졸중 환자의 회복이 빨라진다. 뇌졸중 환자는 영양이 강화된 식사와 함께 배변 장애를 막기 위해 수분을 충분히 섭취해 주도록 한다.

입으로 식사를 한다면 기도로 음식물이 넘어가지 않도록 주의하고, 음식물의 점성을 환자 상태에 따라 조절한다. 식단을 짜서 균형 있는 식사를 제공해야 하는데, 급성기 환자나 중증으로 식사가 불가능할 경우에는 코에 고무관을 삽입하는 비위관이나 배를 통해 바로 위장과 연결하는 위루관을 사용한다.

환자들은 대부분 세균 저항력이 약하다. 음식을 줄 때는 반드시 손을 깨끗이 씻어야 한다. 너무 뜨겁거나 찬 음식은 위장을 자극해 설사를 할 수 있으니 한 끼분만 덜어 방안 온도 정도로 데운다. 식사 전 환자에게 "홍길동 씨, 점심식사 시간이예요. 물 먼저 마실까요?"하면서 이야기를 걸어 소화액이 조건반사적으로 분비될 수 있도록 한다. 혼자 앉을 수 없는 환자는 침상을 올려서 목에 수건을 둘러 준 후 고개를 약간 숙여 기도로 음식이 넘어가지 않도록 한다.

비위관을 삽입한 경우는 고무관을 30cm 정도 높이로 들고 공기가 들어가지 않도록 주사기로 천천히 음식물을 넣어준다. 식사 후에는 물을 넣어 음식물 찌꺼기가 고무관을 막지 않도록 한다. 식사가 끝나고 30분 정도는 앉아 있도록 해 구토를 막고 소화를 돕는다.

고무관이 기도에 들어갈 수도 있으므로 의료진의 도움을 받아 삽입하는 것이 좋다. 고무관이 위 속에 들어가지 않도록 고무관을 한번 돌려 감고 코 아래에 실크 반창고로 부착을 한다. 반창고가 붙은 부위는 비누로 닦아서 말리고 하루에 한 번씩 갈아준다.

건강과 품위를 지키는 청결 관리

몸이 불편하면 씻는 것은 물론 위생 처리도 어려워 냄새가 나기 쉽다. 그러면 가까운 사람들도 피하게 된다. 가뜩이나 불편한 몸 때문에 대인관계가 위축되었을 환자의 재활을 더디게 할 수 있다. 욕실에서 목욕을 하기 힘들다면 물수건을 이용해 이틀에 한 번은 몸을 닦아주고 잘 말려준다. 배변 장애가 있다면 어른용 기저귀를 사용한다. 배뇨 억제 약물을 사용하기도 하는데 부작용이 있으니 의사와 충분히 상의하도록 한다.

특히 구강 청결은 신경 써서 관리해 주어야 한다. 구강 청결은 입에 나는 악취를 없애 주기도 하지만 타액 분비를 자극해 식욕을 돋우어 준다. 또한 구강이 청결해야 구강 질환을 예방하거나 조기에 발견할 수 있다. 혼자 양치질을 할 수 없다면 환자의 고개를 옆으로 해서 거즈에 세정액을 묻혀 입안을 골고루 닦아준다.

의치는 빼내 닦는다. 의치에 악취가 나면 과산화수소액을 희석해서 사용한다. 입안을 헹굴 때는 바늘 없는 주사기에 생리식염수를 담아 구강 전체에 골고루 뿌리고 헹군 다음 그릇에 받아낸다. 입술이 트지 않도록 바세린을 발라준다.

발도 청결하고 따뜻하게 관리해야 한다. 늘 깨끗한 양말을 신고 발톱은 발을 충분히 불려 씻긴 후에 직선으로 자른다. 티눈이나 굳은살이 있거나 발톱이 살 속으로 파고들면 상처가 생기고 이로 인해 욕창이 생길 수도 있다. 임의로 자르지 말고 간호사에게 도움을 청하도록 한다.

낙상을 피하는 안전 관리

평형감각이 부족한 뇌졸중 환자는 침대에서 떨어지거나, 보행 중에도 잘 넘어지므로 주의해야 한다. 특히 고령의 환자들은 낙상으로 인한 질환 악화 또는 고관절 골절 등으로 사망에 이를 수 있다.

낙상은 대부분 가정에서 일어난다. 낙상을 막기 위한 몇 가지 안전 대책이 필요하다.

- 고무로 만든 밑창에 굽이 낮은 신발을 신는다.
- 자주 사용하는 물건은 쉽게 꺼낼 수 있는 곳에 보관한다.
- 화장실에는 손잡이 대, 미끄럼 방지 매트, 타일, 스티커 등을 설치한다.
- 걸어다니는 통로에 전깃줄을 늘어놓지 않는다.
- 집 안을 환하게 한다. 화장실을 이용할 때는 반드시 불을 켠다.
- 바닥에 깔개나 방석을 치우거나 고정시킨다. 물을 엎질렀다면 즉시 닦는다. 물기가 있는 주방에는 고무매트를 깔아 놓는다.

합병증, 조심 또 조심

뇌졸중 환자는 영양 공급도 어렵고 활동량도 적기 때문에 각종 합병증이 올 위험이 높다. 특히 욕창이나 감염에 의한 합병증은 생명까지 위협하므로 각별한 간호가 필요하다.

욕창은 피부 특정 부위가 지나치게 심한 압박을 오랜 시간 받으면서 혈액 공급이 어려워 피부가 죽는 것이다. 신체 어느 부위에나 발생하는데, 주로 체중이 집중되는 돌출된 뼈 부분에 생기기 쉽다. 작은 상처도 욕창으로 발전하기 쉬우므로 바로 치료를 해 주어야 한다.

환자가 정기적으로 몸을 흔들거나 굴리도록 한다. 혼자 움직이기 힘들면 보호자가 두 시간에 한 번씩은 반드시 자세를 바꿔 주어야 한다. 물침대나 공기침대 또는 베개를 적절히 이용해서 체중을 분산시켜 준다. 피부는 건조하고 부드럽게 유지하고 씻을 때는 순한 비누를 사용한다. 적절한 단백질과 열량을 공급해서 영양이 균형을 잃지 않도록 하는 것도 중요하다.

욕창은 발생 즉시 의료진의 도움을 받아 치료해야 한다.

감염증 역시 환자에게는 치명적이다. 삼킴곤란으로 인해 음식물이나 침이 기도로 넘어가 폐렴이 유발되거나 소변 장애로 요로감염이 생기기도 한다.

식사와 자세를 잘 관리해 기도로 이물질이 들어가지 않도록 하고 폐렴 증상이 있는지 세심하게 관찰한다. 열이 나고 가래가 많거나, 기침을 하면서 호흡이 가빠지면 바로 진료를 받도록 한다.

뇌졸중으로 소변 장애가 발생하면 요도관을 삽입하는네 이로 인해 요로감염이 생긴다. 요도관이 삽입되는 피부와 주위 환경을 청결하고 건조하게 관리해 준다. 1~2주에 한 번은 꼭 갈아 준다.

경련은 심장에 무리를 줄 수 있다. 따라서 경련이 의심되면 진료를 받는 것이 좋다. 정맥류 저혈은 많이 움직이고 마사지를 해 주어 혈액 순환을 촉진시켜 준다. 압박스타킹을 이용하는 것도 도움이 된다. 상태가 좋아지지 않으면 의사의 진료를 받도록 한다.

우울증도 대표적인 합병증이다. 우울한 기분을 단순한 감정 변화라고 간과하지 말자. 좌절감이나 분노가 심해지면 전문적인 진료를 받도

록 한다. 명상을 하도록 하거나 편안한 음악을 들려준다. 햇볕을 쬐는 것도 증상을 호전시킨다.

집으로 찾아오는 가정간호 서비스

가정간호 의료서비스는 병원에서 급성기 치료를 마친 뇌졸중 환자가 집에서 통원 치료를 할 때, 의사의 처방을 받은 가정전문 간호사가 환자의 집으로 찾아가 전문적인 의료서비스를 제공하는 제도다. 환자에게 안정적인 간호를 제공하고 비용이 저렴하다는 것까지 생각하면 장기적인 투병이 필요한 환자에게 큰 도움이 된다. 영양제 투여, 튜브 삽입, 인공호흡기 관리 등 보호자가 하기 어려운 전문 간호를 제공받고 간단한 간호 교육도 받을 수 있다.

퇴원 전에 병동 간호사실이나 가정간호실에 신청하면 된다.

꼼꼼 간호법, 간병기록지

방광 훈련, 구강 간호, 식사 관리 등을 하는 것은 환자는 물론 보호자에게도 힘든 일이다. 갑작스런 발병에 무엇을 어떻게 해야 할지 난감해 하는 사람들이 많다. 하루 단위 그리고 주 단위와 월 단위로 간병 목록을 정리하여 체크해 나가면 생활이 훨씬 정돈된다. 또한 환자 상

태도 점검되기 때문에 호전 여부를 판단할 수 있다. 갑자기 간병인이
바뀌어도 환자가 비슷한 수준의 간호를 받을 수 있는 장점도 있다.

- **체위 변경** : 욕창 방지를 위해 환자의 자세를 잊지 않고 2시간에 한 번씩 바꾸어 주기 위해 체위 변경 시간을 기록한다.
- **가래 흡인** : 가래를 자주 빼주도록 한다. 몇 시에 했는지 기록해 놓는 것이 도움이 된다.
- **휠체어 운동** : 오전, 오후 하루 2회 30분 정도 해 준다. 걸을 수 있다면 하루에 두 번 정도는 산책하는 것이 좋다. 30분에서 1시간 정도를 무리하지 않게 걷는다.
- **침상 목욕** : 가능하면 하루에 1회, 적어도 이틀에 1회는 해 주도록 한다. 욕실에서 목욕이 가능하다면 이 역시 하루나 이틀에 1회씩 해 준다.
- **구강 간호** : 하루 세 번 식후에 반드시 양치질을 해 주거나 양치질 하는 것을 도와준다.
- **방광 훈련** : 소변줄을 삽입하고 있는 경우에는 3시간 단위로 잠갔다가 열어 준다. 훈련을 통해 스스로 요의를 느끼도록 한다. 시간은 환자 상태에 따라 조정한다.
- **식사량** : 영양 상태를 살펴 영양실조를 예방하기 위해 기록한다.
- **배설량** : 소변과 대변의 횟수와 양을 기록한다.

간병 기록지

날짜	체위 변경 2시간 간격으로			가래 흡인 (자주)	휠체어 운동		침상 목욕 (1회/1일)	구강 간호 (3회/1일)	방광 훈련 3시간 간격	식사량	배설량 (소변/대변)
	오전				오전			아침			
								점심			
	오후				오후			저녁			
	오전				오전			아침			
								점심			
	오후				오후			저녁			
	오전				오전			아침			
								점심			
	오후				오후			저녁			
	오전				오전			아침			
								점심			
	오후				오후			저녁			
	오전				오전			아침			
								점심			
	오후				오후			저녁			
	오전				오전			아침			
								점심			
	오후				오후			저녁			
	오전				오전			아침			
								점심			
	오후				오후			저녁			

뇌졸중 재발을 막는 철통수비법

4장

갑작스런 뇌졸중, 처음은 무방비로 맞았지만 또다시 당할 수는 없다. 뇌혈관이 약해져서 생기는 뇌졸중은 뇌의 특정한 부위 혈관이 막히거나 터졌더라도 그 부위만 문제가 아니다. 이미 다른 혈관들도 약해졌기 때문에 다시 발병할 위험이 있다. 다행히 뇌졸중의 후유증이 가벼워서 일상생활을 하는데 문제가 없었어도 늘 조심해야 한다. 뇌졸중이 재발하면 처음보다 증상이 심하다. 뇌졸중 환자의 다섯 명 중 한 명이 5년 안에 뇌졸중이 다시 발병한다는 보고도 있을 정도로 뇌졸중은 재발률이 높다.

뇌졸중은 그 발병 원인에 따라 이차 예방 방법이 달라진다. 생활 습관병으로 오는 뇌경색은 위험 인자를 꾸준히 관리해주면 2차 발병을 막을 수 있다. 한 해가 시작될 때 뇌건강을 위한 계획을 짜고 병원에 가서 뇌 건강검진을 받도록 하자.

뇌졸중 재발률은
5년 이내 53퍼센트

　뇌졸중 재발률은 연구마다 다소 차이가 있다. 하지만 1년 안에 재발할 확률이 3~22 퍼센트, 5년 안에 재발할 확률은 최대 53퍼센트라는 보고가 있다. 뇌졸중 환자 두 사람 중 한 명이 재발한다는 이야기다. 그런데도 많은 뇌졸중 환자들이 재발 방지를 위한 정기적인 치료와 고혈압, 당뇨병, 비만, 흡연 등의 위험 인자 조절을 하고 있지 않다.

　2002년 대한뇌졸중학회에서 2,874명의 급성 뇌졸중 환자를 대상으로 뇌졸중 재발 여부를 조사했다. 그 결과 17.3퍼센트가 다시 뇌졸중이 발병했다. 그런데 재발된 환자들 중 이차 예방을 위해 치료받지 않은 경우가 59퍼센트였다. 절반이 넘은 것이다.

　처음 발병 때 경과가 좋았던 환자들의 대부분이 뇌졸중 재발 예방에 소홀했다. 건강해지니 이전의 고통을 잊어버린 것이다. 뇌졸중이 발병했을 때 손발이나 구강 등 특정 부위에만 마비가 온 환자들도 병세가 호전되면 관리를 소홀히 한다. 그렇지 않으면 특정 부위에만 신경을 쓴다. 뇌졸중은 다양한 역할을 하는 뇌의 어떤 부위에서 혈관에 이상이 생길지 알 수 없는 질병이다. 처음 발병할 때는 일시적인 마비가 왔다가 나중에 재발을 했을 때는 두통이 생기는 등 전혀 다른 증상이 나타날 수도 있다. 뇌졸중이 있었다면 재발을 막기 위해 약물 치료를 엄격하게 하고 뇌졸중 전조 증상이 있는지 살펴야 한다.

간혹 민간요법이나 건강식품에만 기대어 뇌졸중 후유증을 극복하거나 재발을 막으려는 사람들이 있는데 매우 위험한 일이다. 뇌졸중 후유증은 처음 발병하였을 때 얼마나 빠르게 응급치료를 받았는지가 관건이다. 그리고 노력 여하에 따라 눈에 띄게 재활 효과를 보이는 발병 후 1년 동안은 재활 치료에 집중해야 한다.

또한 뇌졸중이 다시 생기지 않도록 위험 인자를 철저하게 관리하고 정기적으로 약물 치료를 받아야 한다. 기적적으로 회복되기를 바라는 사람도 있는데 그런 기적이 언제 올 지 알 수 없다. 기적을 바라고 임상적으로 보편타당한 치료를 받지 않으면 더 큰 불행이 올 수 있으니 재발 방지에 힘쓰도록 하자.

02

뇌졸중 이차 예방 이렇게 하자

혈압 관리

뇌졸중의 가장 위험한 인자는 고혈압이다. 혈압을 관리하기 위해서는 혈압을 재는 습관을 들여야 한다. 하루 두 번 정도 편안한 상태에서 혈압을 재보자. 자고 일어나서 그리고 잠자기 전에 재는 것이 좋다. 대소변을 해결한 15분 후에 재도록 한다. 혈압은 수축기는 140㎜Hg미만, 확장기는 90㎜Hg 미만을 유지해야 한다.

고혈압을 관리하기 위해서는 혈압 관리 뿐 아니라 음식도 싱겁게 먹어야 한다. 소금을 많이 섭취하면 혈액 속 나트륨 농도가 높아진다. 나트륨 농도가 높아지면 삼투압 작용으로 수분을 끌어들이고 혈액 양이 증가, 혈관이 받는 압력 즉 혈압이 높아진다. 고혈압이 있다면 염분을 1,500mg 이하로 제한해야 한다. 혈압이 정상이어도 염분은 2,300mg 이하여야 한다. 별 생각 없이 먹는 햄버거 하나에도 1,200mg의 염분이 들어 있다. 식사는 가능한 집에서 하고 직장에서는 도시락을 먹는 것도 좋다. 간식으로는 당근이나 오이를 먹기 좋게 썬 채소 스틱이나 과일을 즐겨 먹도록 한다.

고혈압 환자는 반드시 혈압강하제를 복용해야 한다. 음식만으로는 혈압을 낮추기가 어렵기 때문이다. 혈압강하제는 이뇨제와 혈관확장제, 교감신경억제제가 있다. 환자 상태에 따라 약과 부작용 정도가 다르기 때문에 반드시 전문의와 상의하고 복용하도록 한다.

- 김치, 깍두기, 총각김치 등의 크기를 될 수 있는 한 작게 썬다.
- 작은 밥그릇, 국그릇을 사용한다.
- 식사량을 평소 식사량의 삼 분의 일 정도로 줄인다.
- 음식을 조리할 때 간장과 소금을 가급적 쓰지 않는다.
- 맛이 없어 먹기 곤란하면 조금 맵게 해서 먹는다.
- 되도록 식사 시간을 오래 갖고 이야기를 많이 한다.
- 젓갈류는 식탁에서 완전히 없앤다.
- 김은 소금을 바르지 않고 먹는다.
- 치즈, 베이컨, 햄, 크래커나 콘칩 등의 과자류도 주의한다.
- 나트륨을 감소시키는 칼륨이 많이 함유된 음식을 먹는다(근대, 쑥갓, 표고버섯, 마늘, 시금치, 콩류, 팥, 녹두, 곶감, 건포도 등).

당뇨 관리

당뇨는 뇌혈관이 막히는 뇌경색과 연관성이 높다. 역학 연구 결과를 보면 당뇨는 뇌졸중의 재발을 두 배 정도 증가시킨다. 당뇨가 있는 상태에서 뇌졸중이 재발된 환자는 입원 기간이 길다. 또한 뇌졸중 발병 시 당뇨가 없는 환자보다 1년 안에 사망할 확률이 두 배 높다는 결과가 있다. 당뇨 환자가 뇌졸중과 관련된 치매가 생길 위험은 당뇨가 없는 사람보다 세 배 이상 높다. 당뇨가 있는 상태에서 뇌졸중이 재발하면 뇌 손상이 더욱 심해지기도 한다.

당뇨가 있다면 더욱 엄격하게 자기를 관리해야 할 것이다. 혈압은 물론이고 적정 체중을 유지해야 한다. 운동과 식이요법 등을 통해 혈당을 조절하고 저혈당에 대처하기 위해 초콜릿이나 사탕을 갖고 다니는 것이 좋다. 환자가 기분이나 느낌으로 혈당 상태를 판단하는 것은 위험하다. 반드시 자가혈당측정기로 1일 2회 아침 저녁으로 혈당을 확인한다. 소변량이 많아지고 체중이 감소하고 평소보다 물을 많이 마신다면, 당뇨를 의심해 보아야 한다. 공복시 혈당이 200mg/dL 이상이면, 특별한 증상이 없을 때 8시간 이상 금식한 후 측정한 혈당이 126mg/dL 이상이면 당뇨다.

- 당뇨를 앓고 있다면 일정한 시간에 일정한 양의 음식을 먹도록 한다.
- 당분, 지방, 비타민, 단백질, 미네랄, 섬유소 등을 골고루 섭취한다.
- 섬유질이 풍부한 음식이 좋다.
- 소금 섭취는 가급적 줄인다.
- 기름기를 걷어낸 맑은 육수와 맑은 채소국, 당질 함량이 적은 채소류, 김, 미역, 다시다 등의 해조류, 홍차, 녹차 등이 좋다.
- 콩, 보리, 현미 같은 정백하지 않은 곡류를 먹는다. 밀가루는 가급적 먹지 않도록 한다.
- 단백질 함량이 높은 음식이 좋다. 그런 점에서 돼지고기, 쇠고기보다는 닭고기가 좋다. 닭고기는 껍질을 벗기고 속살만 먹도록 한다.
- 홍시처럼 단맛이 많은 과일은 많이 먹지 않는다.
- 채소를 많이 먹는다. 특히 호박, 배추, 시금치, 우엉, 양파 등이 좋다.
- 설탕이나 꿀은 혈당을 급격히 올리므로 삼간다.

중성지방과 LDL-콜레스테롤 관리

콜레스테롤 중 중성지방과 LDL-콜레스테롤(저밀도 지단백)은 혈관 안에 핏덩어리를 만들어 동맥경화에 의한 뇌경색을 일으킬 수 있다. 나쁜 콜레스테롤이라고 불리는 LDL-콜레스테롤은 특히 주의해야 한다.

프랑스 비샤병원의 아마렌코 박사 팀 연구에 의하면 뇌졸중에 걸린 경험이 있는 환자 중 LDL-콜레스테롤 수치가 변하지 않거나 증가한 사람과 비교해서 LDL-콜레스테롤 수치가 50퍼센트 이상 감소한 사람의 뇌졸중 재발 위험이 31퍼센트 감소되었다.

총 콜레스테롤을 200mg/dL 미만으로 유지하도록 동물성 지방 섭취를 자제한다. 또한 일주일에 세 번 30분 이상 유산소 운동을 해 준다. 음식으로 콜레스테롤 관리가 어렵다면 전문의와 상의해 약을 먹도록 한다.

금연과 절주

흡연은 뇌졸중 환자에게 치명적이다. 반드시 금연해야 재발을 막을 수 있다. 하루 한 잔 정도의 알코올은 혈액순환을 도와 뇌졸중을 감소시키지만 많이 마시면 재발할 위험이 높다. 뇌출혈이 발병했던 환자의 경우, 알코올은 혈압을 갑자기 높여 출혈을 재발시킬 수 있기 때문에 더욱 위험하다.

음식 관리

비만은 뇌졸중뿐 아니라 당뇨병, 고혈압, 이상지혈증 등에 영향을 준다. 그런 점에서 음식을 조절해 체중을 관리해야 한다. 하지만 영양 부족도 고려해야 한다. 음식 삼키는 것과 수저 사용이 쉽지 않은 뇌졸중 환자는 자칫 영양실조에 걸릴 수도 있다. 음식을 골고루 섭취하되 육식은 살코기 위주로 먹고 짜거나 매운 음식, 고칼로리 음식을 삼간

$$\text{비만도(BMI) 계산} : \frac{\text{현재 체중}}{\text{신장(m)} \times \text{신장(m)}}$$

BMI 수치에 따른 체질량 지수 및 비만 관련 질환 위험도

분류	체질량 지수(Kg/m2)	비만 관련 질환의 위험
저체중	〈 18.5	낮음
정상체중	18.5 ~ 22.9	보통
과체중	≥ 23.0	위험 시작
위험체중	23.0 ~ 24.9	위험 증가
비만 1단계(obese class I)	25.0 ~ 29.9	중등도 위험
비만 2단계(obese class II)	〉 30	고도 위험
비만 3단계(obese class III)	≥ 40.0	극심한 위험

복부 비만 계산 : 허리둘레÷엉덩이둘레

허리는 배꼽선의 둘레를 측정하고, 엉덩이는 가장 둘레가 큰 부위를 측정한다.
남성은 0.8~1.0 이상, 여성은 0.7~0.85 정도의 수치면 정상이다. 남성은 1.0 이상 여성은 0.85 이상이면 복부 비만이다.

다. 평소에 섬유소가 많은 채소나 과일을 즐겨 먹는 것이 좋다. 틈틈이 체중을 확인해 식사를 관리하도록 한다. 또한 수분을 충분히 섭취한다. 물은 하루 1,000cc 정도 마신다. 하지만 밤에 자꾸 깨어 화장실을 가면 숙면을 해칠 수 있으므로, 저녁 8시 이후에는 수분 섭취를 삼가는 것이 좋다.

스트레스 관리

뇌졸중을 앓은 환자들은 대부분 심한 좌절감과 우울증을 경험한다. 정도를 넘어서는 우울증은 의욕을 저하시키고 재활 치료나 이차 예방에 집중할 수 없게 한다. 그런 점에서 정신적 스트레스는 재발의 간접적인 원인이 된다. 스트레스는 뇌졸중 재발의 직접적 원인이 되기도 하다. 스트레스를 받으면 카테콜라민이란 교감신경 호르몬이 심장박동수를 증가시켜 말초혈관이 수축되면서 혈압을 높인다. 높아진 혈압은 약해진 뇌혈관을 자극해 뇌졸중을 재발시킬 수 있다.

환자 예후에 따라 치료 시기는 달라진다. 그러나 꾸준히 재활 치료를 받으면 장기적으로 환자의 약 80퍼센트가 식사와 용변을 스스로 해결할 수 있다. 긍정적인 마인드를 잃지 말고 명상이나 취미 생활을 하는 것이 좋다. 또한 잠자리에 들기 전에는 반드시 스트레스를 완화하여 숙면을 취하도록 한다. 잠자기 전에 우유를 따뜻하게 데워 마시거나 간단한 스트레칭으로 몸을 이완시키고, 명상을 하는 것이 도움이 될 수 있다.

다음의 체크리스트를 통해 자신의 스트레스 정도를 알아보자.

1. 스트레스 상황을 무시하고 평소와 같이 행동한다.

2. 기분이 나쁘면 어떻게 해야 하는지 안다.

3. 심장 박동수가 빨라지고, 온몸이 뻐근하며 행동이 급해지는 것 등에 크게 신경 쓰지 않는다.

4. 술을 마시거나 담배를 피우면 곧 시름이 풀린다.

5. 계획을 세워 차근차근 일한다.

6. 독서나 영화, 음악 감상을 하면 스트레스가 곧 풀린다.

7. 주위의 밝은 면을 보고 나와 같이 힘든 이를 돕는다.

8. 살아가면서 소중했던 때를 되새기고 삶의 목표를 생각한다.

9. 스트레스를 일으키는 문제에 대해 친구나 가족과 이야기한다.

10. 지금 상황은 어쩔 수 없다고 생각한다.

11. 나의 상황을 누구에게도 알리지 않는다.

12. 운동이나 취미 활동을 하고 있다.

나의 상태

3점 이하 : 전문적인 진료를 받아야 함 / 4~6점 : 악화될 위험 있음

7~9점 : 보통 / 10점 : 잘 이겨나가고 있음

[**정답**] ① X ② O ③ X ④ X ⑤ O ⑥ O ⑦ O ⑧ O ⑨ X ⑩ X ⑪ X ⑫ O

정답을 맞추면 문항당 1점

운동 관리

운동은 환자 상태에 맞게 해야 한다. 유산소 운동으로 빠르게 걷기를 권장한다. 정상인이 느끼는 정도가 아닌 환자 상태에 맞춰 속도를 조절

한다. 겨울에는 오후 3시 정도, 여름에는 해가 없을 때 걷는 것이 좋다.
또한 하루 두세 번 이상 불편한 사지 관절을 크게 움직여 주어야 한다.
거울을 보면서 기본음 발성이나 단어, 문장 등을 연습하는 것도 좋다.

몸이 불편하다고 자꾸 움츠리지 말고 부지런히 몸을 움직여라. 그래야 소화기능도 좋아지고 뇌졸중 재발도 막을 수 있다. 혼자 힘으로 운동하기 어렵다면 보호자에게 도움을 요청해 자세를 자주 바꿔주고 관

이럴 땐 운동을 멈추세요

다음과 같은 증상이 나타나면 즉시 운동을 중지하고 전문가의 도움을 받아야 한다.

- 가슴이 답답하고 통증이 있다.
- 팔, 목, 턱에 통증이 있다.
- 현기증이 나거나 어지럽다.
- 맥박이 갑자기 뛴다.
- 시야가 갑자기 흐려진다.
- 숨이 막히고 답답하다.
- 기절하거나 쓰러졌다.

이럴 땐 운동을 해서는 안 됩니다

몸이 아플 때는 운동을 해서는 안 된다. 과도한 운동은 오히려 신체 건강을 해친다. 일반적으로 다음 경우에 해당될 때에는 며칠 동안 운동을 하지 않도록 한다.

- 몸에서 열이 날 때
- 목이 부었을 때
- 가래가 있는 기침을 할 때
- 소변 중에 통증이 느껴질 때

절 운동도 해준다.

운동을 한 후에는 수분을 바로 섭취해 준다. 운동이나 목욕을 오랫동안 하면 탈수가 생길 수 있으니 조심한다. 뇌의 혈류가 정상인보다 감소되어 있는 상태에서 탈수로 인해 뇌혈류가 급속하게 감소하면 뇌경색이 생길 수 있기 때문이다.

겨울에 야외에서 오랫동안 운동을 하거나 갑자기 추운 곳으로 나가면 혈관이 위축되어 뇌졸중이 재발될 수 있으니 주의하도록 한다.

목욕 관리

뇌졸중 환자는 찜질이나 사우나는 하지 않는 것이 좋다. 급격한 혈류 변화를 가져오기 때문이다. 뜨거운 탕 역시 자제한다. 온탕과 냉탕을 번갈아 들어가는 것도 좋지 않다. 매일 기벼운 샤워 징도만 하는 섯이 좋다.

생활 관리

뇌졸중 재발을 막기 위한 규칙적인 생활 관리가 말처럼 쉽지는 않다. 실천을 독려할 수 있도록 환자 스타일에 맞는 뇌건강 관리법을 찾아야 한다.

뇌 건강 목표 정하기

현재 생활 습관을 적어 확인해본다. 달마다 현재 상태와 목표를 적
어 자기 자신을 독려하도록 한다.

뇌 건강 일지 쓰기

혈압, 흡연, 운동 등의 생활 습관 리스트를 만들어 매일 체크한다.
목표를 명확하게 정하는 것이 좋다.

뇌 건강 일지의 예

항목	현재	목표
흡연	10개비/일	0개비/일
음주	3회/주	0회/주
운동	0분/일	40분/일
체중	79kg	70kg
혈압	150/100mmHg	120/80mmHg

뇌 건강 검진기록표

뇌 건강에 필요한 검진표를 만들어 6개월 또는 1년에 한 번씩 정기
검진을 받아 데이터를 정리해 둔다.

뇌졸중 환자는 다른 질환이 생길 확률도 높다. 자신의 건강 기록을
정리해 놓으면 다른 병원으로 옮길 때에도 도움이 된다.

뇌 건강 검진기록표

검사 연월일			
키			
체중			
BMI			
혈압			
허리둘레			
엉덩이둘레			
복부 비만			
혈당			
CT			
혈액검사			
혈색소			
중성지방			
HDL			
LD			
MRI			
MRA			
혈류검사			
동맥경화검사			
심전도			
기타			

병원에서 하는
뇌졸중 재발 예방

약물 복용과 예방적 수술

뇌졸중 중 특히 뇌경색의 재발을 막기 위해서는 뇌경색 원인에 따라 항응고제나 항혈소판제를 복용해야 한다. 항응고제는 헤파린이나 와파린 등의 약물이 있다. 혈관이 심하게 좁아졌거나 색전성 뇌경색이 있을 때 사용한다. 뇌졸중 재발을 예방하기 위해서는 정기적인 혈액검사로 혈액 응고 능력을 확인하며 복용한다. 혈액 응고 능력이 떨어지면 출혈이 있을 때 위험하다.

항혈소판제는 여러 가지가 있다. 가장 대표적인 것이 아스피린이다. 그 외 클로피도그렐, 트리플루살, 실로스타졸 등이 있다.

노화가 되면서 뇌경색은 점점 심해진다. 한번 발병하면 다시 발병할 위험이 높다. 따라서 약물을 이용해 혈관이 막히지 않도록 한다. 약물은 살아가는 동안 꾸준히 복용해야 한다. 약물은 위장장애 등의 부작용을 일으킬 수 있으므로 반드시 전문의의 엄격한 관리를 받아 복용해야 한다. 유용한 신약이 개발되고 있고 부작용 역시 혈액검사 등을 통해 조절하기 때문에 약물 복용을 지나치게 걱정하지 않아도 된다. 평생 약을 먹는 것이 부담스러워 임의로 약을 중단하거나 복용 수칙을 어기는 사람들이 있다. 뇌졸중이 재발할 수 있으니 주의한다.

고혈압이나 당뇨병, 이상지혈증 등도 약물 요법을 병행해야 한다.

영국 글래스고대학의 연구에 의하면 고혈압 환자가 혈압강하제를 복용했을 때 뇌졸중 재발률이 25퍼센트 낮아졌다고 한다. 특히 출혈성 뇌졸중은 50퍼센트가 낮아진 것으로 나타났다.

당뇨병 역시 경구용 혈당강하제나 인슐린 주사를 병행한다. 최근 연구에 의하면 경구용 혈당강하제는 뇌졸중 재발을 절반 정도 감소시키는 것으로 나타났다.

이상지혈증 치료제는 스타틴이 대표적이다. 스타틴은 뇌경색의 재발 예방에 효과가 있다. 뇌출혈과의 관련 정도는 명백히 밝혀지지 않았지만 뇌출혈 병력이 있거나 위험성이 있다면 혈중 콜레스테롤이 과도하게 낮아지지 않도록 주의해야 한다.

약물은 몇 가지 부작용을 동반하기도 한다. 그렇다고 전문의와 상의 없이 일시적으로 약을 끊고 건강식품으로 대체해서는 안 된다. 약물의 부작용은 위장장애 정도에 그치지만 약을 끊어서 뇌졸중이 다시 재발하면 사망에 이르기도 한다. 약물을 사용하면서 혈뇨가 있거나 잇몸 출혈, 멍, 코피, 심한 두통, 구토 등이 있으면 부작용일 수 있으니 바로 전문의에게 문의하도록 한다.

뇌경색을 앓았다면 혈관의 막힘 정도와 혈류 상태를 검사해 뇌혈관 조영술을 이용한 확장 시술이나, 뇌혈관 문합술로 뇌경색의 재발을 막을 수도 있다. 확장 시술은 대퇴부에 가는 관을 삽입하고 좁아진 혈관을 가는 철망인 스텐트나 풍선으로 넓히는 것이다. 뇌혈관 문합술은 머릿속 안쪽과 바깥쪽 혈관을 연결해 주어 뇌로 가는 혈액량을 증가시키는 수술이다.

뇌 종합검진

뇌졸중이 발병했다면 6개월, 적어도 일 년에 한 번은 뇌 종합검진을 받아 재발을 막도록 한다.

신체 계측

계측기와 혈압기를 이용해 신장과 체중, 혈압 그리고 비만도의 기본적인 신체 계측을 한다.

혈액 검사

콜레스테롤 총량을 알기 위한 HDL-콜레스테롤(고밀도 지단백), LDL-콜레스테롤(저밀도 지단백), 중성지방을 측정하고 관상동맥경

화증을 확인하는 호모시스테인(Homocysteine) 검사를 한다. 콜레스테롤의 정상 범위는 HDL-콜레스테롤은 35~87mg/dL, LDL-콜레스테롤은 49~160, 중성지방은 35~135mg/dL이다.

뇌혈류 검사(TCD)

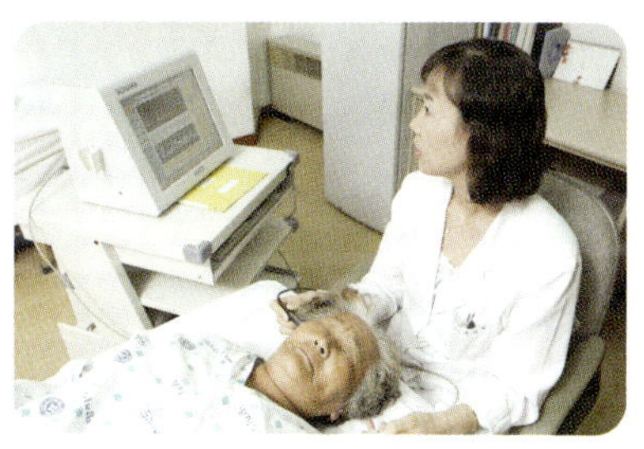

눈 위와 양쪽 귀 옆 그리고 목 뒤와 경동맥 부위에 젤을 바르고 탐촉제를 이용해 감지한다. 두개골 안으로 초음파를 투과해 뇌혈류의 속도, 방향 등을 측정하는 검사다. 또한 주요 뇌혈관의 협착, 폐쇄, 측부 순환 또는 혈관의 탄력성 정도를 간접적으로 알아본다. 뇌경색 환자에게 특히 유용한 검사로 30분 정도 걸린다.

복부내장 비만 검사(Fat CT)

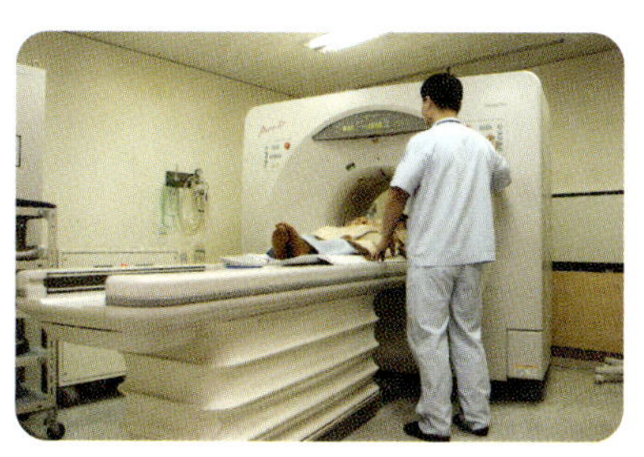

피하지방보다 내장지방이 대사 이상과 뇌졸중 위험도를 높인다는 보고가 있다. 보통 허리둘레와 엉덩이둘레를 잰 후 '허리둘레÷엉덩이둘레'로 복부 비만도를 측정한다. 그러나 이 측정은 피하지방과 내장지방이 함께 포함되어 정확도가 떨어진다. 정기검진에서는 CT(컴퓨터 단층영상) 촬영을 통해 내복부 내장 비만도를 측정한다. 복부 내장 비만도가 0.4보다 작거나 같으면 정상이다. 10분 정도 걸린다.

자기공명 영상(MRI)

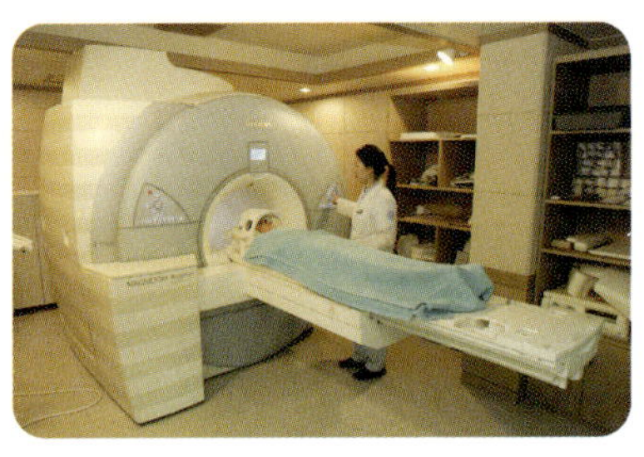

강한 인공자장과 컴퓨터를 이용해서 신체의 해부학적 구조와 분자구조를 구별할 수 있다. 시상, 관상 그리고 횡단 등 세 평면을 찍을 수 있어 입체적이다. 뇌졸중은 물론이고 뇌종양, 척수공동증 등의 각종 질환의 세밀한 부분까지 관찰할 수 있다.

자기공명혈관 영상(MRA)

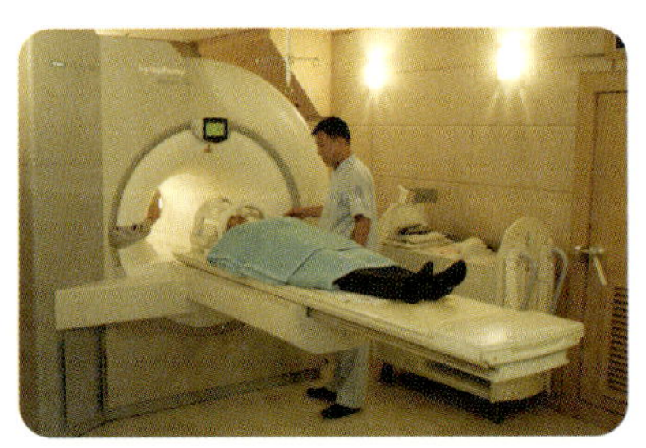

뇌혈관 상태를 선택적으로 검사하기 위해 조영제를 환자에게 투여한 후 촬영한다. MRI와 같이 인공자장을 이용한다. 혈관을 집중해 찍었기 때문에 정밀하게 관찰할 수 있다. 보통 30분 정도 걸린다.

뇌파 검사(EEG)

두피에 크림을 바른 후 머리 전체와 이마 그리고 양쪽 귀에 전극을 부착한다. 그리고 양쪽 손목에 전극을 주는 ECG(Electrocar-diogram)를 꽂은 후 검사한다. 인체 두피에서 시시각각으로 변화하는 뇌의 전기적 신호를 연속적으로 기록하는 검사다. 뇌파의 파형을 통해 뇌에 이상이 있는지 알 수 있다. 기능이 정상인지 아닌지, 정상이 아니라면 어디에 어느 정도의 장애가 있는지, 장애가 어떻게 진전될지에 대한 정보를 제공한다. 깨어 있는 상태에서 15분, 수면 상태에서 15분 검사한다.

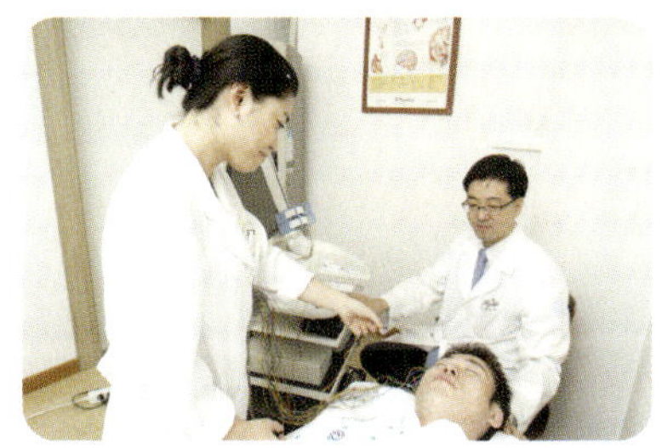

적외선 체열 진단(DITI)

실내 온도를 24도로 맞춘 후 탈의를 한다. 발바닥과 손바닥 앞뒤 그리고 양쪽 팔과 상반신 앞뒤, 머리 앞, 다리 앞뒤, 옆으로 서서 좌우를 찍는다. 인체에서 방출하는 극미량의 적외선을 감지하는 검사로 특정 부위만 검사할 수도 있다. 신체에서 통증이 있는 부위는 체열이 높거나 낮아진다. 이 검사는 눈에 보이지 않는 신경 통증 부위나 질병 부위를 정확하게 알아낼 수 있다. 검사가 간단하고

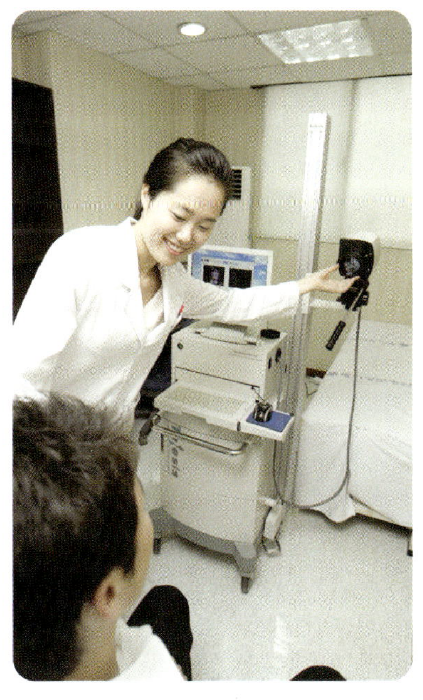

인체에도 해가 없어 임산부나 유아도 받을 수 있다. 신체의 통증과 질병 부위의 미세한 열 변화를 컬러 영상으로 나타내어 확인도 쉽게 할 수 있다. 검사 시간은 보통 10~15분 정도 걸린다.

동맥경화 협착(A&S) 검사

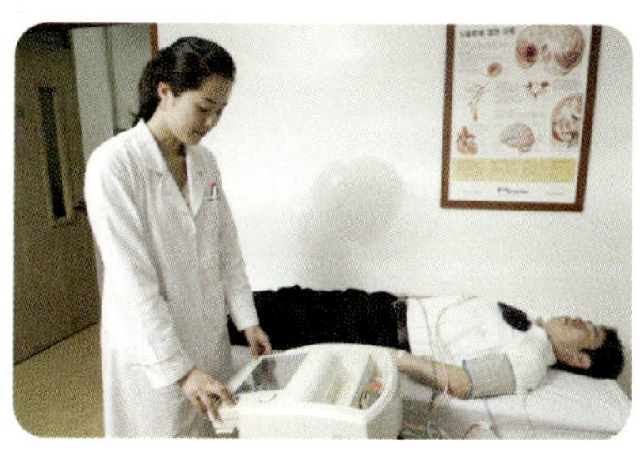

팔뚝과 발목 양쪽에 커프를 감고 양쪽 손목에는 동맥이 뛰는 곳을 찾아 장비와 연결된 집게를 부착한다. 심장의 소리를 확인하기 위한 식음도(PCG: Ponocardiography)를 심장 위에 올리고 모래주머니로 고정한 후 검사한다. 혈관의 탄력성과 혈관 안에 침전 정도를 측정하여 뇌졸중의 위험 인자인 동맥경화와 동맥 관련 질환을 알아보는 검사다. 5~10분 정도 걸린다.

경동맥 초음파(USCD) 검사

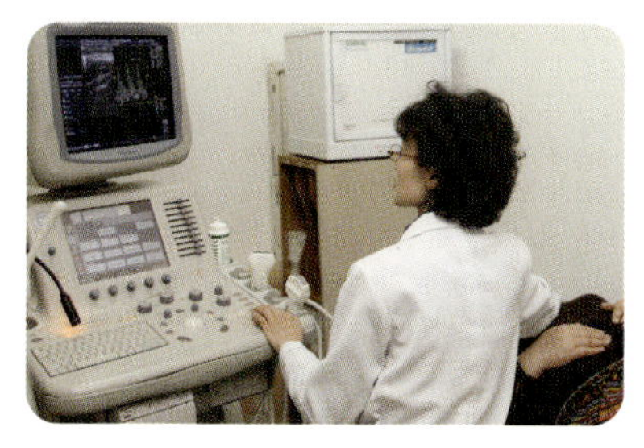

목에 있는 경동맥 부위에 젤을 바른 후 검사한다. 인체에 해가 없는 초음파를 이용하며 경동맥에 이상이 없는지를 확인하는 검사다. 뇌로 혈액을 공급하는 경동맥은 중요한 혈관으로 협착이나 혈전, 혈류의 상태를 알아볼 수 있다. 검사 시간은 20분 정도 걸린다.

뇌졸중과 함께 행복하게 사는 법

5장

집 안에 환자가 있는 가족들은 '건강하다는 것이 얼마나 행복한 일'인지 잘 안다. 건강하고 행복하다면 이보다 좋을 수는 없다. 하지만 건강하지 않아도 행복할 수 있다. 뇌졸중은 환자 상태에 따라 심한 장애를 남기기도 하고 재발 위험도 높기 때문에 늘 조심해야 한다. 뇌졸중 발병 초기에는 좌절감이 심했던 환자들도 재활 치료를 하고, 뇌졸중 이차 예방을 위해 병원을 찾으면서 나름대로 행복한 일상을 만들어 간다. 뇌졸중연구소에서 조사한 환자들의 몇 가지 사례를 정리하였다. 갑작스럽게 찾아온 뇌졸중으로 상처받은 환자와 보호자들에게 조금이라도 도움이 되었으면 한다.

01

빠른 치료가
평생을 좌우

🔖 이○○(52세/여성)

– 2008년 뇌경색 발병

추석 친정 나들이로 중국에서 며칠을 보낸 후, 인천공항에서 집으로 향하는 리무진 버스에 급히 올랐다. 왠지 한쪽으로 몸이 기우는 것 같았지만 여행으로 피곤하기 때문이라고 생각했다. 버스에서 안전벨트를 매라는 안내 방송을 듣고, 오른팔로 벨트를 잡으려는데 갑자기 팔이 움직이지 않았다. 몇 차례 팔을 움직이려 했지만 허사였다. 왼손으로 오른손을 꼬집어 보아도 아무런 느낌이 나지 않았다. 팔뿐이 아니었다. 왼쪽 손가락으로 오른쪽 얼굴을 쿡쿡 찔러 보았지만, 역시 아무런 느낌이 없었다. 주위 사람들에게 도움을 요청하는데 목소리도 이상하게 변하고, 더듬거리기까지 했다. 정신은 멀쩡한데 몸만 갑자기 마비가 되니 놀라고 무서워 어쩔 줄을 몰랐다.

버스를 타고 있는 1시간 내내 '좋아지겠지' 하며 스스로를 달랬다. 하지만 마비된 몸은 풀릴 기세가 보이지 않았다. 정거장에서 기다리고 있던 남편과 택시를 바로 잡아 타고 가까운 곳에 있는 병원으로 갔다.

응급실에 도착하여 몇 가지 검사와 함께 CT와 MRI 촬영을 하였다. 담당 의사가 증상이 언제부터 시작했는지 뇌출혈을 일으킨 적이 있는지 등 많은 질문을 했다.

잠시 후 검사 결과가 나왔다. 의사는 뇌졸중으로 뇌혈관이 막혔다고 하였다. 뇌졸중이라는 말에 남편과 나는 너무 놀라 말도 할 수 없었다. 의사는 발병한 지 얼마 되지 않아 tPA라는 약물로 혈관을 뚫었다고 했다. 링거로 한 시간 정도 약을 맞은 것 같다. 가슴이 뛰고 잠도 오지 않아 눈만 깜박이며 누워 있었다. 그러다가 오른쪽 손가락을 까닥거려 보니 움직였다. 발도 움직였고 목소리도 제대로 나왔다.

좋아질 거라는 말을 들으며 중환자실로 옮겨졌다. 중환자실에서 4일, 일반 병실에서 3주간 입원하고 퇴원하였다.

나는 복부 비만이 심한 편이었지만 고혈압, 당뇨병도 없고 담배는 물론 술도 별로 즐기지 않았다. 그런데 갑자기 한쪽 몸이 마비가 되고 뇌졸중이라는 얘기를 듣자 하늘이 무너지는 것 같았다. 약물로 마비가 풀리고 거의 정상이 되자 얼마나 기뻤는지 모른다.

입원하는 동안 힘들게 재활 치료를 받는 뇌졸중 환자들을 많이 보았다. 간호사 말로는 나 같은 경우는 증상이 나타났을 때 바로 병원을 찾았기 때문에 큰일을 막았다고 했다. 지금도 마비되었던 순간을 떠올리면 가슴이 두근거린다.

특별히 불편한 곳도 없고 주변에서도 내가 뇌졸중을 앓았다는 것을 잘 모른다. 하지만 한 달에 한 번은 꼭 진료를 통해 처방을 받고 있다. 몇 년 동안은 6개월에 한 번은 정기검진도 받을 계획이다. 병원에 입원해 있으면서 뇌졸중이 재발되어 더 상태가 나빠진 경우도 볼 수 있었다. 마비되었던 경험을 돌이켜보면, 건강한 상태에서 최대한 조심하고 관리할 수 있다는 것은 매우 감사한 일이다.

병원에 있으면서 복부 비만이 뇌졸중에 나쁘다는 얘기를 들었다. 또 뇌졸중은 재발이 잘되는 병이라는 말도 들었다. 그래서 허리둘레를 줄이기 위해 저녁에 아이들과 1시간 정도 산책을 하려고 노력했다. 하지만 운동을 즐기는 편이 아니라 자꾸 미루게 되어 결국 음식으로 조절하기로 했다. 퇴원 전, 병원 영양사에게 식이요법 교육을 받은 대로 식사를 챙겨 먹도록 애를 썼다. 음식은 대체로 싱겁게 먹고 기름기 많은 음식은 자제했다. 교육 때 받은 자료들이 많은 도움이 되었다.

밥은 쌀밥보다는 흑미나 현미 등 잡곡밥을 주로 먹었다. 처음에는 까실한 게 싫었지만 익숙해지니 씹는 맛이 더 좋았다. 특히 아침을 담백한 국과 싱싱한 겉절이 등으로 든든히 먹었다. 점심은 간단히 먹었다.

예전에는 야식을 좋아해 밤마다 치킨 등을 시켜 먹었는데 이 버릇도 고쳤다. 저녁도 맑은 소고기국을 끓이거나 등푸른 생선 등을 구워 일찍 먹었다. 간식으로 먹기 위해 당근이나 샐러리 같은 채소도 길게 잘라 놓고 입이 심심할 때마다 먹었다. 우유도 생각보다 열량이 높다는 것을 알고 저지방인지 확인하고 구입했다. 그렇게 3개월 정도를 관리하니 허리둘레가 조금씩 줄기 시작했다. 허리 살이 빠지니 기분이 좋아졌다. 지금은 날마다 저녁 산책을 하고 있다. 뇌졸중 재발을 막기 위해 억지로 시작한 노력들이 오히려 삶의 활력이 되었다.

뇌졸중으로
깊어진 아내 사랑

🪪 정○○(54세/남성)
– 2002년 뇌경색 발병, 2007년 재발

2002년에 뒷머리가 유난히 당기고 아파서 동네에 있는 의원을 다녔
다. 처음에는 단순한 감기몸살쯤으로 생각했다. 감기약을 처방 받아
며칠 먹다가 결국 쓰러졌다. 병원으로 옮겨져 진단을 받아 보니 병명
이 뇌졸중이었다. 오른쪽 뇌혈관이 막혔다는 것이다. 청천벽력이었다.
수술을 하고 1년 정도를 입원과 퇴원을 반복하면서 치료를 받았다.

입원 기간이 길어지면서, 아내가 일을 계속 쉴 수가 없어 간병인을
쓰기로 했다. 처음에는 낯선 사람이 대소변을 도와주는 것이 불편했지
만 익숙해졌다. 다만 시간이 지날수록 간병 비용이 부담되었다. 뇌졸
중은 중한 병이라 수술 후 1개월 정도는 수술비를 포함해 보험공단 지
원이 많았다. 재활 치료를 받으면서 병실을 다인실로 옮기면서 한 달

병원비가 150만 원 정도 나왔다. 간병비는 180만 원 정도 들었다. 아내는 혼자 식당을 운영하면서 병원비와 간병비를 감당하기가 쉽지 않았을 텐데 한 번도 힘든 내색을 하지 않았다.

하지만 경제적 부담감과 가족에게 미안한 생각으로 내 마음은 늘 무거웠다. 아내는 이런 나의 심리 상태를 읽었는지 혼자 힘으로 걷기도 하고 점점 좋아지니 얼마나 감사하냐고 위로했다. 사실 입원실에는 운신도 못하는 환자들이 많았다. 그러나 나는 오른쪽 팔다리를 제법 쓸 수 있었다. 가족들 응원과 빨리 낫는 것이 최선이라는 생각으로 재활 치료를 정말 열심히 했다. 생업이었던 운전을 다시 시작하는 것을 목표로 삼았다. 5개월 후에는 간병인 없이 가족들이 틈나는 대로 봐주어도 괜찮은 정도가 되었다.

퇴원 후에도 병원 치료를 정기적으로 받고 술도 거의 마시지 않았다. 다만 담배는 완전히 끊기 어려워 흡연량을 줄여나갔다. 몸의 왼쪽 마비가 아직 회복되지 않아 걸음도 불안하고 손동작도 어설펐다. 운전은 여전히 힘들지만 식사나 용변 등은 충분히 혼자서 해냈고 아내가 하는 식당에서 카운터와 잔일도 볼 수 있었다.

그리고 5년 정도가 흘렀다. 다시 뒷머리가 아팠다. 지난 일이 떠올라 이때는 바로 병원에 갔다. MRI 검사 결과 예전처럼 오른쪽 뇌혈관이 막혔다고 했다. 곧바로 혈전용해제로 치료를 받았다. 처음 뇌졸중이 생겼을 때부터 진료를 맡았던 의사가 계속 치료를 해온 터라 건강 상태도 다 알고 있어 치료도 수월했고 마음도 편했다. 빨리 처치를 받아서인지 처음 뇌졸중 때만큼은 몸이 상하지 않았다. 4주 정도 입원한

다음 퇴원했다.

그 후 담배도 완전히 끊었다. 재발 치료 후에는 몸이 좀 불편해도 빠른 걸음으로 하루에 1시간 정도 동네를 걸었다. 지금도 이렇게 빠르게 걷기를 하루도 빠지지 않고 한다.

가끔은 뇌졸중이 처음 생겼을 때 제대로 된 치료를 빨리 받았더라면 지금보다는 건강하지 않았을까 하는 후회를 하기도 한다. 나는 주변 사람들에게 전조 증상이 조금이라도 있으면 곧 바로 검사를 받으라고 성화를 부린다. 그 까닭에 '뇌졸중 전도사' 라는 별명도 생겼다.

빠른 뇌졸중 치료로 행복한 일상

이○○(63세/여성)

– 2008년 뇌경색 발병

혈압이 높아 평소에 음식도 싱겁게 먹고 헬스도 하면서 나름대로 건강 관리를 했다. 특별히 아픈 곳도 없어 고혈압 약은 먹지 않았다. 오른쪽 눈이 심하게 떨리던 일이 있고 나서 며칠이 지났을 때였다. 저녁에 식사를 마치고 설거지를 하고 있는데 갑자기 한쪽 다리에 마비가 와 나도 모르게 주방에 주저앉았다. 잠시 앉은 상태로 있으니 마비는 풀렸다. 오른쪽 손가락이 계속 당기는 느낌이 났지만 쉬면 괜찮겠지 생각하고 소파에 누웠다.

마침 병원에 근무하는 딸의 전화를 받았는데 상황을 얘기하니 바로 병원에 가라고 야단이었다. 다음날 날이 밝으면 가겠다고 했는데도 딸은 당장 가야 한다고, 집에 있던 다른 식구들에게도 꼭 병원에 데려가야 한다고 우겼다. 옷을 입고 남편과 함께 평소에 다니던 명지성모병원으로 갔다.

응급실에서 도착하여 증상을 얘기하니 경미한 뇌경색 증상 같다며 검사를 해보자고 하였다. CT를 찍고 MRI 촬영을 했다. 왼쪽 뇌혈관이 막혔다며 뚫어야 한다고 했다. 오른쪽 손가락이 마음처럼 움직여지지 않는 것 말고는 그리 불편하지 않았다. 그래서 편한 마음으로 tPA라는 약물 치료를 받았다.

3주 정도 입원한 후 퇴원했다. 식구들은 다들 다행이라고 했다. 덕분에 뇌경색이 생기기 전과 비슷한 생활을 하고 있다. 딸에게 고마울 뿐이다.

뇌경색은 재발률이 높다고 해서 정기적으로 병원에 다니며 치료를 받고 있다. 고혈압 약도 처방받아 먹고 있다. 입원하면서 건강에 대해 느낀 바가 컸다. 평생 고혈압 약을 먹어야 한다는 부담감 때문에 약은 처음부터 기피해왔는데 그건 큰 문제가 되지 않았다. 그보다는 약을 먹고 뇌졸중에 다시 걸리지 않는 게 더 중요한 일임을 깨닫게 되었다.

04

작은 병 놓쳐서
생긴 큰 병

📗 배○○(68세/남성)
– 1997년 부정맥 진단, 2005년 뇌경색 발병

추석 전날, 분가해 사는 딸과 아들 내외가 손주들과 함께 집으로 찾아왔다. 손주들 재롱을 보며 즐거운 시간을 보내고 있는데 갑자기 눈앞이 뿌옇게 변하면서 정신이 흐려졌다. 나중에 식구들에게 들었는데 소파에 잘 앉아 있다가 스르르 쓰러져 거실 바닥으로 떨어졌다고 한다. 다들 너무 놀라 일어나라고 나를 흔들었는데 반응이 없어 입에 우황청심환을 넣었다고 한다.

후에 알게 된 얘기이지만 그렇게 정신이 나갔을 때 우황청심환을 먹이는 것은 기도를 막아 위험할 수 있다고 한다. 다행히 우황청심환을 삼키지 못해 먹지 않았다. 119를 부를 정신도 없어 아들이 바로 업고 뛰었다. 그렇게 해서 난 쓰러진 지 거의 40분 만에 병원 응급실에 도착할 수 있었다. 병원에 도착할 즈음에는 간신히 눈을 뜰 정도로 정신이 돌아왔다. CT와 MRI 등의 검사를 받았다. 경동맥이 막혀 뇌졸중이 생겼다고 했다.

심전도 검사 결과 부정맥이라는 얘기를 들으니 10여 년 전 직장에서 건강검진을 했을 때 부정맥으로 진단받았던 것이 생각이 났다. 당직 의사가 당뇨병 여부, 고혈압 등 여러 가지 상태를 아내에게 물었다.

고령이기는 하지만 쓰러진 후 빨리 병원에 와서 tPA라는 혈전용해제를 쓸 수 있었다고 했다. tPA를 투여해 응급으로 막힌 혈관을 뚫었다. 하지만 혈관이 완전히 뚫리지 않아 뇌혈관 조영술을 해야 했다.

"환자의 경우, 연세가 있어 결과가 나쁠 수도 있다"라는 담당 의사의 설명에 가족들은 내가 죽을지도 모른다고 생각하고 "최선만 다해 달라"라고 부탁했다. 경동맥을 막았던 핏덩어리를 녹이고 스텐트도 넣었다. 시술은 잘 되었다. 의사는 부정맥으로 인해 심장에서 떨어져 나온 핏덩어리가 경동맥을 막았다고 이야기해 주었다.

워낙 건강했기에 부정맥 진단을 받았을 때 별다른 치료를 하지 않은 것이 너무 후회가 되었다. 하지만 병원에 일찍 오고 혈전용해제나 뇌혈관시술도 바로 받은 덕에 경과가 좋아서 재활 치료가 필요 없을 정도였다. 치료를 받으면서 돌이켜 생각해 보니 뇌경색으로 쓰러지기 전에 몇 가지 전조 증상이 있었는데 간과했다는 것을 알았다.

귀가 침침해져 이비인후과에 갔지만 이상이 없다는 얘기에 안심하고 별다른 조치를 취하지도 않았다. 그리고 눈도 잠깐잠깐 보이지 않았는데 좋아지겠지 생각했다. 심지어 발병하기 한 달 전에는 화장실

에서 볼 일을 보다 갑자기 쓰러졌는데도 금방 깨어나서 무심히 넘겨
버리기도 했다. 지금은 의사의 권고에 따라 많이 걷는다. 또한 외출을
할 때에는 모자와 지팡이를 반드시 들고 나간다. 집에서 세 정거장 정
도 떨어진 병원도 아내와 함께 꼭 걸어간다. 병원에 도착하면 내과에
서는 부정맥 약을, 신경외과에서는 뇌경색 약을 정기적으로 처방 받
아 간다.

병원에 가면 입원할 때 만났던 간호사들이 반가워하면서 안부를 묻
고는 한다. 막연히 가기 싫던 병원이 친근해져 편하게 병원을 다니게
되었다. 몸이 조금 불편하더라도 중환자실에 있었던 때가 기억나서 불
평은 적어졌다. 사는 날까지 더 큰 병이 없도록 건강을 살피면서 넉넉
한 마음을 갖으려 한다. 큰 병을 앓고 나니 가족이 얼마나 소중한지를
새삼 알게 되었다.

삶을 변화시킨 뇌졸중

김○○(59세/남성)

– 2007년 뇌경색 발병

강원도 평창에서 농사를 지으며 살고 있었다. 바람이 차가운 겨울 아침, 밭에 나가려고 대문을 나서는데 갑자기 왼쪽 다리와 팔에 힘이 빠졌다. 읍내 한의원에서 침을 맞고 누워 있는데 중풍이면 어쩌나 하는 생각에 덜컥 겁이 났다. 서울에 사는 동생에게 전화를 하니 바로 올라오라고 하였다.

다음날 상경하여 용하다는 한의원에서 침을 맞았다. 옆에서 지켜보던 동생이 병원을 가보는 것이 좋겠다고 했다. 오후에 뇌전문 병원에서 검사를 받았다. 여기저기 다니다 병원에 늦게 갔지만 다행히 뇌경색 초기라 바로 약물 치료를 받을 수 있었다. 며칠 후에는 혈관 조영술이라고 머리를 여는 것이 아니라 허벅지에 관을 넣어 뇌혈관 상태를 보는 검사를 했다. 검사와 함께 혈관이 좁아진 세 곳에는 철사망 같은 스텐트를 삽입하였다. 경과가 좋아 입원 4주 만에 퇴원할 수 있었다.

몇 달간 병원으로 통원하면서 진찰과 처방을 받았다. 병원에 입원해 있는 동안 뇌졸중이 재발되어 다시 병원에 온 사람들을 많이 보았다. 장애가 심해 자기 힘으로 재활 치료를 하지 못하는 경우도 있었다.

집에 돌아와서는 뇌졸중이 재발하지 않도록 피우던 담배도 끊고 음식도 짜거나 맵게 먹지 않으려고 노력하고 있다. 서울로 오가는 것이 쉽지 않아 치료했던 자료들을 받아 가까운 병원에서 정기적인 치료를 받고 있다.

담배도 끊고 술도 마시지 않으니 생활이 조금 심심해졌다. 하지만 식구들은 참 좋아한다. 시간도 많아져 도시 초등학생들의 생태학습을 돕는 일을 시작했다. 보람도 되고 건강도 좋아졌다.

이렇듯 뇌졸중은 내 삶에 많은 변화를 가져다주었다.

06 뇌졸중으로 온 우울증에는 등산이 최고

박○○(56세/남성)

– 2006년 뇌동맥류 파열에 의한 뇌지주막하출혈 발병

경제 불황으로 운영하던 가계를 접고 다른 일자리를 찾아다니는 중이었다. 줄담배를 피고 술도 많이 먹었지만 감기 외에는 병원 문턱을 밟지 않을 정도로 건강 하나는 자신 있었다.

실업에 따른 스트레스 때문이었을까? 집에서 TV를 보고 있는데 뒷통수가 갑자기 깨질 듯이 아팠다. 참아 보려 했지만 견딜 수 없어 119를 불러 병원 응급실로 갔다. 병원에 도착하니 구토까지 나서 정신이 나갈 지경이었다. 의사는 CT를 찍어보더니 뇌에 출혈이 생겼다고 했다. 출혈 정도가 심하지는 않지만 정밀 검사가 필요하다고 하여 다음 날 혈관조영검사를 하였다. 뇌에 혈관이 꽈리처럼 생긴 동맥류가 있는데 이 때문에 재출혈 위험성이 있다며 수술을 해야 한다고 하였다.

　며칠 후 머리를 열고 동맥류 꽈리를 클립으로 묶어서 재출혈을 막았다. 중환자실에서 일주일 정도를 있으면서 치료를 받았다. 그리고 일반 병실에는 3주 정도 있었다. 재활 치료를 따로 받지 않아도 좋을 만큼 손발을 쓰는 것에는 문제가 없었다.

　하지만 큰 수술을 받아서인지 매사에 조심스럽고 쉽게 우울해졌다. 담당 의사가 운동을 권해 등산을 시작했다. 일주일에 세 번 서울 근교에 있는 산을 오르내렸다. 시간이 없어도 일주일에 한 번은 꼭 등산을 했다. 자연을 벗하다 보니 건강도 마음도 많이 좋아지는 것을 느낄 수 있었다.

　빌딩 관리일도 시작하였다. 퇴원 후에는 조금이라도 이상이 느껴지면 바로 진찰을 받는다. 2년에 한 번 정도는 뇌 정밀 검사를 받으려 한다.

07

젊다고
뇌졸중 안심은 금물

안○○(34세/남성)

– 1999년 뇌경색 발병 / 2004년 재발 / 2006년 재발

외가에 뇌졸중 가족력이 있었다. 가족력이 있는 경우 없는 사람보다 위험률이 높다는 이야기를 들었으나 크게 걱정하지 않았다. 그도 그럴 것이 나이도 젊고 운동도 좋아했기 때문이다. 게다가 담배를 피우지 않았고 혈압도 정상이어서 단 한 번도 뇌졸중을 걱정하지 않았다.

처음 뇌졸중이 생겼을 무렵, 며칠 전부터 딸꾹질이 멈추지 않았다. 출근 전 새벽에 평소와 같이 수영장에 갔는데 오른쪽 신체에 이상이 왔다. 그때도 대수롭지 않게 넘겼다. 결국 며칠 후 집에서 쓰러졌다. 가족들이 놀라서 병원으로 옮기고 검사를 통해 뇌졸중 진단을 받았다.

두 달 정도 입원했는데 다행히 장애가 미미해 통원 치료를 받았다. 건강이 좋아지니 정해진 진료를 놓치기도 하고 약을 먹는 것에도 다소 게을러졌다.

그렇게 5년이 흐른 후, 회사에서 회의 중에 구역질이 올라오면서 쓰러졌다. 놀란 동료들이 119를 불러 응급실로 옮겼다. 뇌졸중 재발이었다. 이번에는 왼쪽 안면과 팔에 마비가 왔다. 3개월 정도 병가를 내고 정말 열심히 재활 치료를 했다. 시간이 날 때마다 병원을 걸어다니고, 시간이 걸리더라도 식사나 옷입기 등을 혼자서 했다. 담당 의사도 내가 젊어서인지 회복이 빠르다며 농담을 건네기도 했다.

회사의 배려로 5개월 만에 복귀를 하였다. 동료들은 내가 쓰러지는 모습을 직접 보아서 다들 미루고 있던 건강검진을 받았다고 했다. 직장 내 뇌졸중 주의보가 발동한 것이다.

여러 운동을 좋아하는 나였지만 특히 수영을 좋아했는데 주치의가 급작스런 온도 변화는 뇌혈관에 좋지 않다고 했다. 그래서 수영을 그만두고 헬스를 했다. 얼마 전부터는 라틴댄스를 배우고 있다. 사람들과 함께 음악에 맞춰 춤을 주니 한결 재미가 있다. 사우나보다 수로 간단한 샤워나 미지근한 물에서 반신욕을 한다.

식사도 처음에는 도시락을 싸서 다닐 정도로 신경을 쓰다가 요즘에는 회사 근처에 웰빙 식당을 물색해 다니고 있다. 가정 식단을 선호하다보니 집에서 음식을 만들어 먹는 것으로 여자 친구와 데이트를 한다. 데이트 비용도 줄고 관계도 더 돈독해졌다.

반드시 한 달에 한 번은 정기 진료도 받았다. 3차 재발 때는 진료 중 증상이 엿보여 바로 일주일 병가를 내고 치료를 받았다. 혈관 속 혈전을 없애고 좁은 혈관을 넓히기 위한 스텐트 시술도 함께 받았다. 다행히 경과가 좋아서 수술한 지 일주일 만에 건강한 모습으로 퇴원할 수 있었다. 처음 재발되었을 때, 이렇게 죽을 수도 있다는 생각을 했다.

건강은 그 무엇보다 중요하다. '내 건강은 내가 지킨다'를 모토로 삼고 정기검진은 절대 거르지 않고 있다.

08

뇌졸중으로 배운 더불어 살기

조○○(49세/여성)

– 2004년 고혈압성 뇌출혈 발병

젊어서부터 살이 찐 편이었던 나는 나이가 들면서 혈압이 높아졌다. 2000년에 고혈압으로 일주일간 입원했다. 퇴원한 직후에는 꾸준히 약을 먹었다. 하지만 시간이 지나면서 뚜렷한 자각 증상이 나타나지 않자 약 먹는 것을 소홀히 했다.

여름휴가를 갔는데 약을 챙기지 못했다. 휴가 동안 약을 먹지 않아서인지 며칠 후 갑자기 오른쪽 팔이 저리면서 뒤로 돌아갔다. 점차 오른쪽 다리까지 마비가 왔고 눈마저 잘 보이지 않았다.

언니에게 집으로 오라고 전화를 한 후 함께 병원에 갔다. 피를 뽑고 CT를 찍었다. 뇌출혈이라고 했다. 출혈량이 많아 빨리 수술을 해야 한다고 하여 바로 수술하였다. 개두술이라고 머리를 여는 수술이었다.

언니의 말로는 4~5시간 정도 수술을 한 것 같다고 하였다. 다행히 머릿속에 고여 있던 피는 잘 제거되었다.

중환자실에서도 정신은 맑은 편이라 일반 병실에 가면 곧 퇴원할 수 있을 거라는 기대를 버리지 않았다. 하지만 병실로 옮기고 며칠이 지나도 오른쪽 마비가 풀리지 않았다. 말도 제대로 나오지 않았다. 한 번 손상이 온 뇌신경은 재생되기 어렵다며 그 대신 열심히 재활 치료를 하면 다른 뇌신경이 활성화 된다고 담당 의사가 격려하였다.

하지만 평생을 이렇게 살아야만 할 것 같아 기운이 나지 않았다. 몇 날 며칠을 울며 보냈는데 사정이 있어 나와 떨어져 살던 딸을 데리고 언니가 면회를 왔다. 한참을 부둥켜안고 울었다. 아이를 위해서라도 기운을 내기로 했다.

처음에는 밥은 물론 용변도 혼자서 볼 수 없었다. 그래도 병실로 온 재활 치료사에게 열심히 관절 치료를 받고 간병인에게도 틈틈이 운동을 부탁했다. 혼자서도 손끝 발끝을 움직이려 노력했고, 정상인 팔로 불편한 쪽을 주물러 주기도 했다. 2주 후에는 재활 치료실에 가서 정기적으로 운동 치료와 작업 치료 그리고 언어 치료를 받았다. 부축을 받아 천천히 걷기부터 페달 밟기, 컵 쌓기 같은 다소 쉬운 운동으로 마비된 근육에 계속 자극을 주었다. 주사를 맞지 않는 시간에는 휠체어를 타고 병원 곳곳을 다니면서 우울해지는 마음을 달랬다.

허전하고 힘든 마음에 병원에 있는 교회를 다니면서 위로를 얻었다. 퇴원 후에도 신앙생활을 계속하면서 위로와 힘을 받고 있다. 6개월 후 퇴원할 때는 용변과 식사, 옷입기 등은 혼자 할 수 있는 정도가 되었다. "부지런히 움직이는 것이 운동"이라는 의사의 말을 잊지 않으며 생활했다. 또한 재발 방지와 물리 치료를 받기 위해 정기적으로 병원을 다니고 있다.

이젠 간단한 집안 일 정도는 혼자서 할 수 있게 되었다. 아직 정상적으로 사회생활은 할 수 없지만 다급해 하지 않고 편한 마음으로 치료를 받고 있다.

건강할 때는 장애를 가진 사람들이 눈에 별로 들어오지 않았는데 지금은 그렇지 않다. 길을 가다가 장애우를 만나면 마음이 아프고, 도와주고 싶다는 생각이 들곤 한다. 건강이 좀 더 좋아지면 장애우를 위한 봉사를 하고 싶다. 뇌졸중을 앓고 나서 하루하루 살기에 급급했던 옛날보다 마음이 오히려 넉넉해졌다.

이 책은 뇌졸중 환자와 보호자 그리고 뇌졸중에 대한 막연한 두려움을 갖고 있는 일반인들을 위해 썼습니다. 뇌졸중 전반에 대한 객관적 사실들을 이해하기 쉽게 쓰도록 노력했지만 의학용어를 풀어쓰는 데는 한계가 있었습니다. 이 책을 읽고 궁금한 내용이 있다면 명지성모병원 뇌졸중연구소로 문의해 주십시오.

보건복지가족부 지정 뇌혈관 질환 전문 종합병원, 명지성모병원
뇌졸중 연구소
02)8297-823
www.care-brain.com

3시간 놓치면 죽을 때까지 고생하는 뇌졸중

초판 1쇄 인쇄 · 2009년 5월 22일
초판 3쇄 발행 · 2010년 3월 2일

지은이 · 허춘웅
펴낸이 · 이종문
편집기획 · 주승연, 이재석, 허은영, 이호석, 김지현
영업마케팅 · 김종진, 김봉구, 이진석
디자인 · 이희욱, 김용미
웹마스터 · 김진연
관리 · 최옥희, 장은미
제작 · 유수경

등록 · 제406-2004-000025호
주소 · 경기도 파주시 교하읍 문발리 파주출판문화정보산업단지 514-6
영업부 · Tel 031)955-6050 | Fax 031)955-6051
편집부 · Tel 031)955-6070 | Fax 031)955-6071

평생전화번호 · 0502-237-9101~3

홈페이지 · www.ekugil.com(한글인터넷주소 · 국일미디어, 국일출판사)
E-mail · kugil@ekugil.com

ISBN 978-89-7425-540-4(13320)